ÄHRMITTEL
UCKERK
DIABETIK
GEBACK
CROUTON
Sandwichbrot

Julia Kospach

WIEN

Eine Melange

sanssouci

1 2 3 4 5 13 12 11 10 09

ISBN 978-3-8363-0136-7

Einband, Schuber und Vorsatz: Hauptmann und Kompanie Werbeagentur GmbH, München/Zürich, unter Verwendung von Fotos von Kurt-Michael Westermann
Karte: Cartomedia. Oliver Hauptstock, Dortmund
Die Abbildungen im Innenteil entstammen Stoffen und Plakaten bzw. Postkarten der Wiener Werkstätten.
Satz: Satz für Satz. Barbara Reischmann, Leutkirch
Druck und Bindung: GGP Media GmbH, Pößneck
Printed in Germany

Für Adi Graml

Danke für den nicht abreißenden Strom
köstlichster Gerichte und die Rezepte in diesem Buch!

Vorwort

»Wer sich in Familie begibt, kommt darin um.«
Heimito von Doderer

Ich kannte Wien lange bevor ich zum ersten Mal dort war. Mein Wiener Vater kam Wochenende für Wochenende von dort angereist, ich hatte eine Wiener Großmutter und einen Wiener Onkel, Wiener Tanten und Cousins. Sie alle prägten das Wien-Bild meiner Kindheit, und die meisten von ihnen lassen sich ohne Übertreibung als äußerst eigenwillig bezeichnen. So kommt es vielleicht, dass mir das Wunderliche an Wien normal vorkommt und ich, seit ich selbst hier lebe, nachhaltig meinen Blick darauf gerichtet habe. Das Wien dieses Buches besteht aus jenen Stadtteilen, in denen ich mich selbst herumtreibe, und aus jenen, die für meine Freunde und die verschiedenen Mitglieder meiner Familie, die durchaus nur am Rande miteinander zu tun haben, eine Rolle spielen. Natürlich besuche ich nicht ständig das Kunsthistorische Museum und das Schloss Schönbrunn, viel eher spaziere ich durch den Wienerwald, liege sommers im Schwimmbad, sitze abends im Gasthaus und kreuze nur gelegentlich die Pfade derer, die, von Walzer-Klängen beschallt und mit Wien-Reiseführern bewaffnet, ihr touristisches Plansoll absolvieren. Das ändert nichts daran, dass es zu einigen der klassischen Wien-Klischees tatsächlich etwas zu sagen gibt – zum Wiener Naheverhältnis zum Tod etwa oder zur heiklen Frage, worum es sich denn nun tatsächlich bei der Wiener Kaffeehauskultur handelt. Andererseits will mir scheinen, dass sich mein Wiengefühl an anderen Phänomenen viel stärker entwickelt hat: an den Sätzen meines Vaters und den Mehlspeisen meiner Großmutter, an den selbst-

erfundenen Märchen meines Onkels und an den Bahnen, die meine Freunde durch diese Stadt ziehen. Sie alle und eine Reihe anderer, mit denen ich für dieses Buch gesprochen habe, tauchen darin als Wien-Deuter, Wien-Benutzer und Wien-Bewohner auf. Der Ton, den sie anschlagen, hat weniger mit einem schlagobersweichen, Kaiserin-Sisi-durchtränkten Wiener Herz zu tun als mit kraftvoll ausgelebtem Eigensinn. Wie ich diese Geschichten erzähle, hat wiederum mit meinem Eigensinn zu tun. Wien ist eine gute Stadt für den Eigensinn. Sie steht einem nicht im Weg. Es ist keine Stadt, die einen erschöpft zurücklässt. Dazu ist sie zu klein, und man findet zu schnell einen Weg, der aus Wien hinaus und an seine Ränder führt. Aber zum Leben – und zum guten Essen – ist es groß genug.

Die Kapitel dieses Buches tragen die Namen von Farben: das rote Wien, das kaisergelbe Wien, das grüne Wien usw. Die Farben stehen für die Schwerpunkte, die in den Kapiteln gesetzt werden, und sollen wie ein buntes Farbleitsystem durch Wien funktionieren. Es beginnt mit dem »weißen Wien«, dem unbeschriebenen Blatt meiner Kindheit, bis schließlich zum Schluss im Kapitel »Das schwarze Wien« der sprichwörtlich engen Beziehung Wiens und seiner Bewohner zum Tod nachgeforscht wird.

Ein Glossar am Buchende erklärt jene österreichischen Ausdrücke in den Rezepten, die vielleicht nicht jedem sofort auf den ersten Blick verständlich sind. Sie wissen schon: Es gibt Orte, an denen Tomaten Paradeiser heißen. Wien gehört dazu!

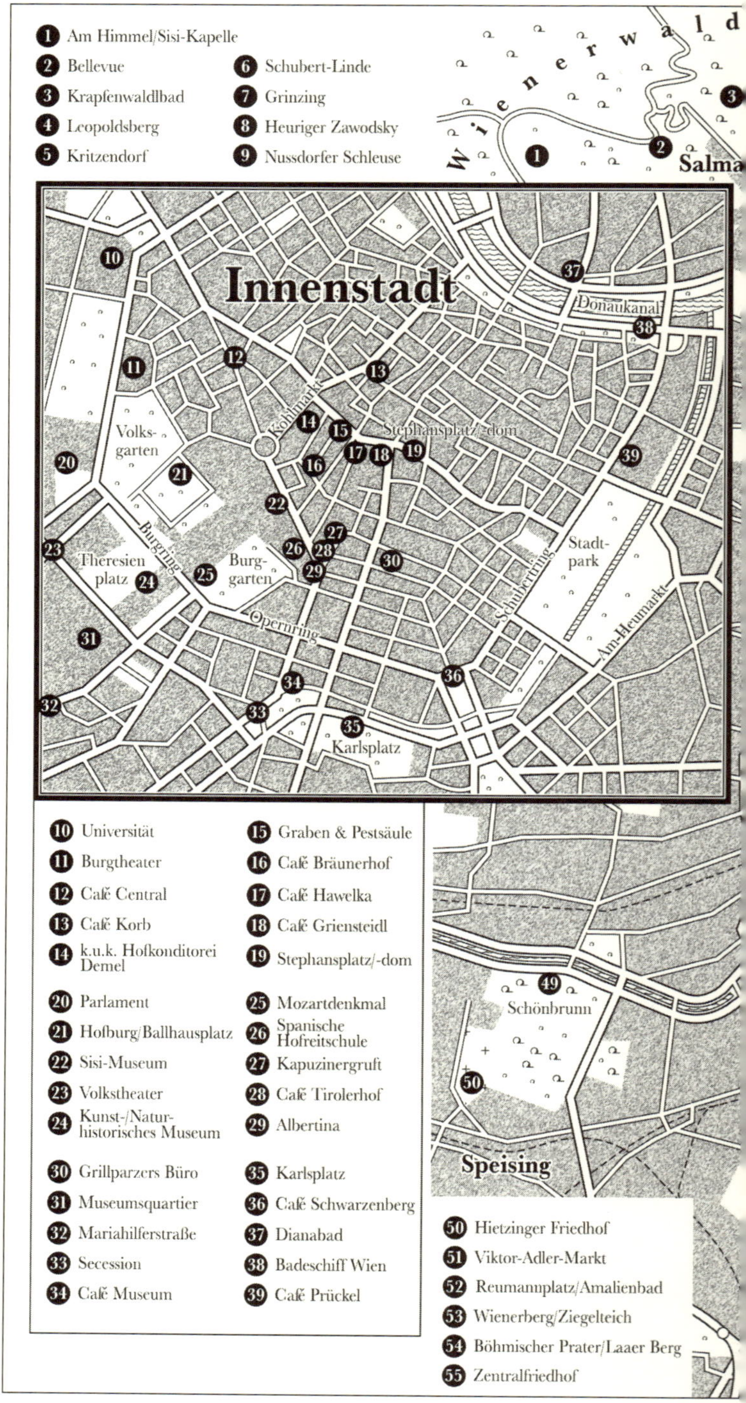

1 Am Himmel/Sisi-Kapelle
2 Bellevue
3 Krapfenwaldlbad
4 Leopoldsberg
5 Kritzendorf
6 Schubert-Linde
7 Grinzing
8 Heuriger Zawodsky
9 Nussdorfer Schleuse

10 Universität
11 Burgtheater
12 Café Central
13 Café Korb
14 k.u.k. Hofkonditorei Demel
15 Graben & Pestsäule
16 Café Bräunerhof
17 Café Hawelka
18 Café Griensteidl
19 Stephansplatz/-dom

20 Parlament
21 Hofburg/Ballhausplatz
22 Sisi-Museum
23 Volkstheater
24 Kunst-/Naturhistorisches Museum
25 Mozartdenkmal
26 Spanische Hofreitschule
27 Kapuzinergruft
28 Café Tirolerhof
29 Albertina

30 Grillparzers Büro
31 Museumsquartier
32 Mariahilferstraße
33 Secession
34 Café Museum
35 Karlsplatz
36 Café Schwarzenberg
37 Dianabad
38 Badeschiff Wien
39 Café Prückel

50 Hietzinger Friedhof
51 Viktor-Adler-Markt
52 Reumannplatz/Amalienbad
53 Wienerberg/Ziegelteich
54 Böhmischer Prater/Laaer Berg
55 Zentralfriedhof

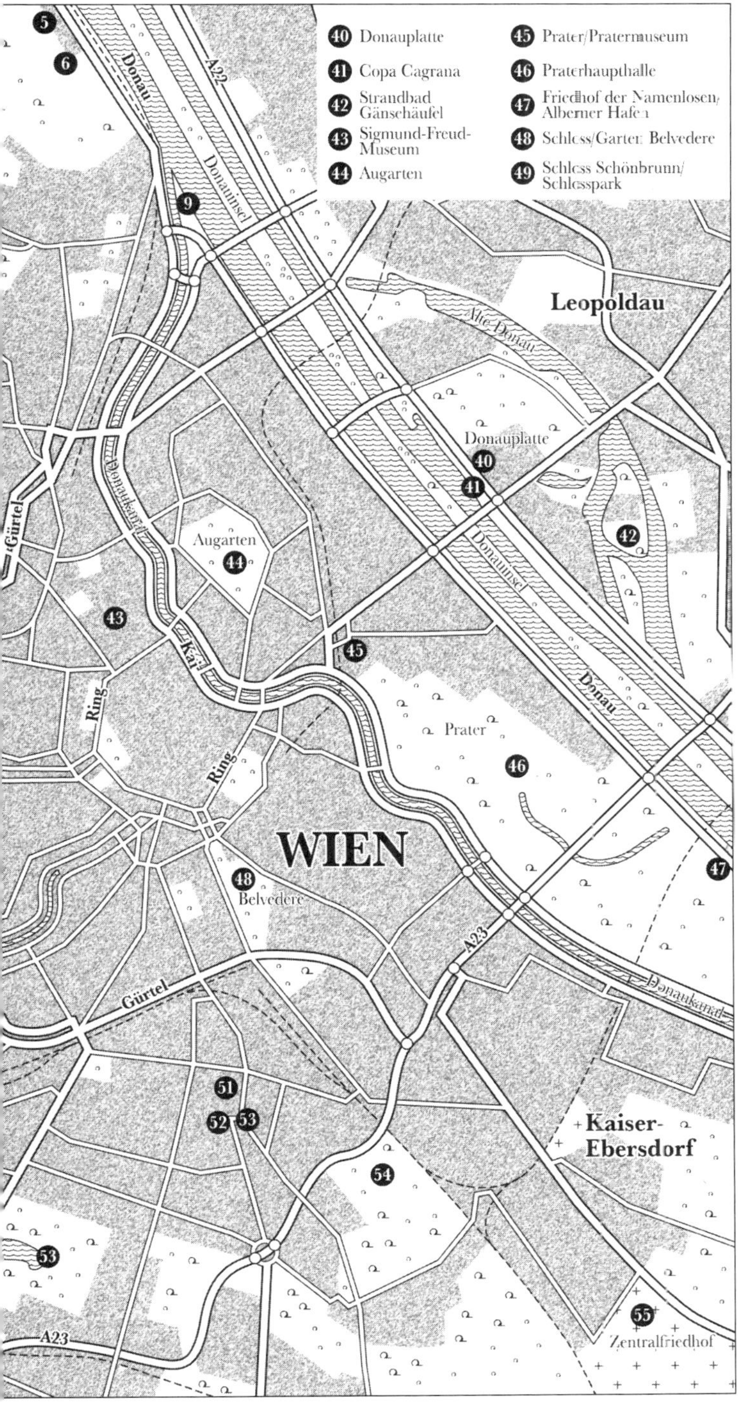

40 Donauplatte
41 Copa Cagrana
42 Strandbad Gänsehäufel
43 Sigmund-Freud-Museum
44 Augarten
45 Prater/Pratermuseum
46 Praterhaupthalle
47 Friedhof der Namenlosen/Alberner Hafen
48 Schloss/Garten Belvedere
49 Schloss Schönbrunn/Schlosspark
Leopoldau
Donau
A22
Donauinsel
Alte Donau
Donauplatte
Augarten
Donaukanal
Gürtel
Kai
Ring
Prater
WIEN
Belvedere
A23
Kaiser-Ebersdorf
Zentralfriedhof

Das weiße Wien

Bevor man zum ersten Mal hinfährt, ist Wien eine weiße Leinwand. Man hört so viel von Wien, dass man die Leinwand im Kopf langsam mit Bildern davon vollzeichnet, wie es in Wien wohl sein mag und wie die sind, die dort leben: die Wiener – und wie man sie sich vorzustellen hat. Einige Beispiele.

Lange bevor ich das erste Mal nach Wien kam, kam Wien zu mir. Jeden Freitagabend mit dem Zug um zehn vor acht. Wochenende für Wochenende, Jahr für Jahr, so sicher und unvermeidlich wie die Jahreszeiten. Wien blieb von Freitagabend bis Sonntag sechzehn Uhr dreißig. Dann verschwand es aus meinem Blickfeld, um am Freitag der nächsten Woche wieder aufzutauchen. Wien war mein Vater. Am Freitag um zehn vor acht entstieg er am Hauptbahnhof der kleinen Kärntner Stadt, in der ich aufgewachsen bin, einem Zugabteil erster Klasse. Wir erwarteten ihn auf seinen ebenso ausdrücklichen wie unerklärten Wunsch hin niemals am Bahnsteig, sondern stets in unserem dunkelblauen Volvo, den meine Mutter am Bahnhofsplatz in die immer gleiche Parklücke vor einem Herrenmodengeschäft steuerte. Dort saßen wir in untätiger Einsilbigkeit und warteten. Meine Mutter hinterm Lenkrad, mein älterer Bruder und ich auf der Rückbank, alle drei mit dem Rücken zum Bahnhof. Irgendwann näherte sich gemessen das rhythmische Klick-Klack der Schritte meines Vaters, dessen Schuhe an den Fersen mit kleinen Metallplättchen verstärkt waren. Wenn er den Kofferraum öffnete, was er immer als Erstes tat, drangen die Geräusche der Stadt ins Auto, und alles geriet wieder in Bewegung. Mein Vater stellte seine Tasche, eine damals schon vorsintflutlich anmutende Arzttasche aus brüchigem, dunkelbraunem Leder mit Messingbeschlägen, in den Fond. Danach legte er seinen Hut auf die hintere Ablage. Schließlich setzte er sich auf den Beifahrersitz, grüßte meine Mutter mit einem für unsere Kinderohren phantastisch exotischen »Küss dich!« und strich auch gelegentlich einem von uns abwesend übers Haar. Oder auch nicht. Das hing – wie alles bei meinem Vater – von seiner Stimmung ab. Danach fuhren wir nach Hause.

Aus dem Inneren der braunen Arzttasche förderte mein Wiener Vater Woche für Woche Dinge zutage, die ich bis heute verlässlich mit Wien assoziiere: zum Beispiel das Magazin der »Frankfurter Allgemeinen Zeitung«, um das mein Bruder und ich uns ganz prinzipiell – und schon bevor wir lesen konnten – balgten. Dass es zu dem bunten Heft auch eine Tageszeitung gab, war uns lange nicht bekannt. Oder einen von einem Gummiband zusammengehaltenen Bund blank geputzter Silberlöffel vom »Tandler«. Tandler hielt ich für einen Wiener Namen, denn in meiner Kärntner Kinderwelt spielten Antiquitäten- und Altwarenhändler keine Rolle. Meistens fand sich in der Tasche auch eine Tortenhälfte oder ein süßer Reisauflauf, die in dicke Lagen Alufolie eingewickelt waren. Manchmal auch ein bedrohlich wabernder, zugeknoteter Plastikbeutel mit gekochtem Beuschel, einer legendären Wiener Spezialität aus Innereien, die keinen Raum für Zwischentöne lässt: Das Beuschel wird entweder glühend geliebt oder voller Inbrunst verweigert. Als Kind gehörte ich zu letzterer Gruppe, Lunge kam für mich als Nahrungsmittel nicht in Frage.

Die kulinarischen Segnungen aus der väterlichen Tasche stammten von meiner Wiener Großmutter, die uns regelmäßig als begnadete Köchin angepriesen wurde. Sie blieb, abgesehen von ihren üppigen Mehlspeisen und oft besungenen Kochkünsten, eine weitgehend unbestimmbare Größe, die in erster Linie in den spöttischen Bemerkungen meines

Vaters und in einer nasal gefärbten Telefonstimme existierte, die mir zu Weihnachten und zum Geburtstag ein schlechtes Gewissen machte. Solange ich mich erinnere, war sie krank. Sie besuchte uns nicht, wir besuchten sie kaum. Zu hohen Feiertagen entnahm mein Vater seiner hinfälligen Arzttasche weiße Kuverts, welche meine Wiener Großmutter mit krakeliger, kantiger Altfrauenhandschrift in blauer Tinte versehen hatte. Auf den Kuverts stand »Julia, öS 1000«, »Paul, öS 1000« oder »Andy, öS 1000«. Das unerklärliche Ypsilon im Namen meines älteren Bruders reizte uns zum Lachen. Unter unseren Namen prangten dicke Wellenlinien in Rot, und irgendwo fand sich eine kurze Grußbotschaft, die mit »Deine Omama« endete. Die Dankesbriefe, die ich schreiben sollte, schob ich Woche für Woche hinaus, bis meine Mutter zu gefährlichen Drohungen griff und mir eine schriftliche Kurzmitteilung abrang: »Liebe Omama, mir geht es gut, wie geht es Dir? Danke für die 1000 Schilling, Bussi, Deine Enkelin Julia«. Manchmal übertrieb ich es und verstieg mich zu Grußformeln wie »Deine dankbare Julia«.
Man möge ihn am Wochenende mit solchen Fragen verschonen, sagte mein Wiener Vater gereizt, wenn ich, von anderen Kindern ausgeschickt, bei ihm vorstellig wurde, um herauszufinden, welcher Tätigkeit er in Wien nachging. »Womöglich ist er ein Spion«, mutmaßte gelegentlich meine Großmutter mütterlicherseits, die meinen Vater ebenso wenig mochte wie er sie. »Wenn er ein Spion wäre, würde er sich unauffälliger verhalten«, antwortete meine Mutter nachsichtig. Aber zumindest in mir war der Keim des Zweifels gelegt. Mein Vater, der Spion? Das hatte Charme. Trug er nicht gelegentlich Burberry-Trenchcoats, brachte er nicht auch für uns aus Wien solche Trenchcoats mit? Oder kandierte Veilchenblüten aus der eleganten k.u.k. Hofkonditorei Demel am Wiener Kohlmarkt, die man sich gut als konspirativen Geheimdienstler-Treffpunkt nahe der Hofburg vorstellen konnte? Kannte man Wien aus Funk und Fernsehen

etwa nicht als nebelverhangene Spionagehochburg? Die Indizienlage blieb vage, mein Vater auskunftsunwillig, die drängende Frage unbeantwortet. In großer Verlegenheit lief ich zurück zu den Kindern, deren Väter wochentags handfesten Berufen nachgingen, bei der Bundesbahn oder bei der Post arbeiteten, Baumeister waren oder Vermessungsingenieure. Das Bundeskanzleramt und seine altwienerische Beamtenschaft Herzmanovsky-Orlando'scher Prägung, der mein Vater angehörte, war nichts, worunter sich Kärntner Kinderrunden, die in schwankenden, morschen Baumhäusern am Ufer des Flusses Drau tagten, irgendetwas vorstellen konnten.

Wien schien jedenfalls ein deutlich anderes Pflaster zu sein als das mir vertraute. Offenbar konnten Wiener Kinder nicht Rad fahren und waren beim Zeichnen einer anderen Motivwahl verpflichtet. Das stellte mein Wiener Cousin Christoph anlässlich seiner Besuche eindrucksvoll unter Beweis. Er musste allein zurückgelassen werden, wenn wir mit unseren Fahrrädern den Dschungel aufsuchten, ein verwildertes Stück Feld mit Ringlottenbäumen, Gestrüpp und einer wüsten, hügeligen, staubigen Fahrradstrecke, auf der brutale Wett- und Sprungrennen stattfanden. Stattdessen saß Christoph, der blass, hellblond, langfingrig und bebrillt war, versunken und zufrieden in unserem Wohnzimmer und zeichnete: Raumschiffe, Außerirdische und interplanetarische Schlachten. Weltferne Stubenhockermotive. Wir waren zwar um nichts wirklichlichkeitsnäher, aber eindeutig erdiger: Mein Bruder zeichnete Seeräuberschiffe und Elefanten, ich zeichnete Vögel und tanzende afrikanische Kinder in Baströcken.
Mit vier Jahren war ich in Klausi verliebt, der in der Nachbarschaft wohnte und ebenfalls vier war. Aber bereits mit sechs traf mein Begehren sein erstes Wiener Zielobjekt: einen Sängerknaben. Die Leidenschaft war kurz und einseitig. Der Besuch des Sängerknaben, dessen Namen ich vermutlich vor

lauter Bewunderung vergessen habe, war mir von Tante Inge in Aussicht gestellt worden, die zehn Jahre lang unsere Kinderfrau war. Tante Inge war klein, rund und grau gelockt, eine ehrfurchtgebietende Kriegswitwe, die täglich um sieben Uhr morgens mit einem gepflegten Damenfahrrad bei uns eintraf. Von der Radnabe des Hinterrads liefen Gummischnüre sternförmig zum Schutzblech, wo sie mit Haken in ausgestanzten Löchern befestigt waren und verhinderten, dass Tante Inges Mantel sich in den Speichen verfing. Ich liebte sie glühend, obwohl sie uns bei Einbruch der Dämmerung ins Haus rief und niemals Ausnahmen von den von ihr aufgestellten Kasernen-Regeln zuließ.
Tante Inge hatte einen Sohn, Willi, der während seiner Studentenzeit in Wien als Erzieher im Internat der Sängerknaben arbeitete. Willi begleitete die Sängerknaben auch auf ihre Konzerttourneen in alle Welt; ein Umstand, der auch Tante Inges großem Kärntner Haus kosmopolitisches Flair verlieh. In ihrem Wohnzimmer stand eine Vitrine, die mit winzigen spanischen Flamenco-Tänzerinnen aus Plastik, seidigen, von grinsenden Stoffchinesen umklammerten Nadelkissen, Miniaturversionen des Wiener Stephansdoms und australischen Mini-Koalabären vollgestopft war. Die Vitrine war heilig, die Sängerknaben auch. Und einer dieser heiligen Knaben besuchte eines Tages Tante Inges dusteres Wohnzimmer. Er war zehn und stand groß, vornehm, schweigsam und in sein dunkelblaues Sängerknaben-Sakko gehüllt in einer Ecke. Ich verging beinahe vor Glück, in seiner Nähe sein zu dürfen. Ich erinnere mich nicht, dass er das Wort an mich gerichtet hätte. Als meine Mutter mich abholte, verlor ich die Contenance und musste brüllend aus dem Haus getragen werden. Ich ertrug es nicht, so früh von meinem Geliebten getrennt zu werden.
Meine zweite Wiener Liebe galt dem Schlagersänger Peter Alexander, eine Verbindung, die von Tante Inge aufs ausdrücklichste gebilligt wurde. Wochentags zwischen drei und

vier hörten Tante Inge und ich die Radiosendung »Evergreens«. Peter Alexander sang »Das kleine Beisl in unserer Straße« und »In einer kleinen Konditorei« und »Mein Mutterl war a Weanerin, drum hob i Wean so gern«. Ich hatte schließlich familiären Bezug zu diesen Zeilen, wusste um meinen Wiener Vater und meine Wiener Großmutter, auch »Beisl« für Wirtshaus war mir ein Begriff: Im Wortschatz meines Vaters war gelegentlich von »stickigen Beisln« die Rede, in die seiner Meinung nach nur »Grenzdebile« oder »Analviolinen« gingen. Ich sang also mit und schaffte es mit Peter-Alexander-Schlagern zu einigen glänzenden Solo-Auftritten im Verwandtenkreis, für die ich viel Lob erntete. Über die Jahre brachte ich mich durch unbeirrbare Hartnäckigkeit in den Besitz einer umfangreichen Peter-Alexander-Langspielplattensammlung. Vor dem Einschlafen küsste ich sanft das überschminkte, süßlich lächelnde Konterfei meines hamsterbackigen Helden, der Ende der siebziger Jahre längst zum Pensionistenidol verkommen war und nachmittags in der Fernsehsendung »Seniorenclub« musikalische Slapstick-Auftritte absolvierte. Mein Vater fand ihn – im besten Fall – »überwuzelt« (ein wenig schmeichelhafter Wiener Ausdruck für »nicht mehr ganz taufrisch«), ich fand ihn hinreißend. Im Frühling hörte ich Peter Alexanders Version von »Wenn der weiße Flieder wieder blüht« oder sein »Im Prater blühn wieder die Bäume«, im Herbst hörte ich »Irgendwann verblühen die Rosen, irgendwann ist es vorbei« und dazwischen das ungeheuer rhythmische »Komm, wir machen uns einen schönen Abend, lass uns wie zwei Verliebte tanzen gehen«.

Eines Tages erzählte mir Tante Inge, die von einem Besuch bei ihrem Sohn in Wien zurückgekehrt war, eine schier unglaubliche Geschichte: Sie habe mit Willi und einigen Sängerknaben einen Spaziergang im Prater unternommen und mitten auf der Prater-Hauptallee seien ihnen Peter Alexander und seine Frau mit zwei Kindern, die Tante Inge mit

Kennerblick als Enkelkinder identifiziert hatte, entgegengekommen. Mir stockte der Atem. In meinen Träumen wurde ich zu Peter Alexanders Enkelkind oder zumindest zu einem der Sängerknaben in dieser sagenhaften Begegnung. In den folgenden Wochen malte ich mir hunderte Varianten eines möglichen Gesprächs zwischen mir und Peter Alexander auf der Wiener Prater-Hauptallee unter frühlingshaft blühenden Kastanienbäumen aus.
So lebte Wien in mir, lange, bevor ich es zum ersten Mal gesehen hatte. Dass ich inzwischen selbst schon seit beinahe 20 Jahren in Wien lebe, kommt mir angesichts des Phantasie-Wiens meiner Kindheit bisweilen unwirklich vor. Wenn ich die Prater-Hauptallee entlanggehe, auf deren sechs Kilometern Länge Läufer und Radfahrer zwischen Praterstern und Lusthaus ihre Bahnen ziehen, denke ich jedes Mal verlässlich an Peter Alexander. Mir ist er allerdings noch nie begegnet.

Nun aber zu den beiden Gerichten, die in diesem Kapitel erwähnt werden und die ich seit meiner Kindheit verlässlich mit Wien verbinde: Omamas süßer Reisauflauf und Kalbsbeuschel, in diesem Fall nach dem Rezept des begnadet kochenden Jürgen Wolf, der längst zu den besten Köchen Wiens gehört und ein rarer Könner in Sachen Innereien ist.

Omamas süßer Reisauflauf

Zutaten für 4 Personen:

120 g Rundkornreis
0,3 l Milch
60 g feiner Kristallzucker
20 g Staubzucker

4 Eidotter
4 Eiklar
2 KL Vanillezucker
1 KL Zimt
50 g Butter
2 EL Rosinen (ein paar Stunden in Rum getränkt)
eine Prise Salz
3 Äpfel (am besten sind säuerliche)
Semmelbrösel
abgeriebene Zitronenschale von einer Zitrone

Die Milch mit einer Prise Salz, dem Vanillezucker und dem Zimt aufkochen, den Reis hinzugeben und zugedeckt ca. 15 Minuten weich dünsten. Dann gut auskühlen lassen. Währenddessen die handwarme Butter mit den vier Dottern, dem Staubzucker und der Zitronenschale schaumig rühren. Die vier Eiklar mit dem Kristallzucker zu einem steifen Schnee schlagen. Die Äpfel schälen und grob raspeln. Nun die Rosinen und die geraspelten Äpfel dem Reis hinzufügen und diesen mit dem Butter-Dotter-Gemisch vermengen. Dann vorsichtig den Eischnee unter die Masse heben.
Eine passende Auflaufform ausbuttern und mit Brösel bestreuen, die Masse einfüllen und im auf 180 Grad vorgeheizten Backrohr backen, bis die Oberfläche schön braun ist. Das dauert ca. 35 bis 40 Minuten. Aus dem Rohr nehmen, mit Staubzucker bestreuen und mit Fruchtkompott (z. B. Apfel- oder Zwetschkenkompott) servieren.

Kalbsbeuschel nach Jürgen Wolf

Zutaten für 4 Portionen:
700 g Kalbslunge
300 g Kalbsherz

Für den Siedefond:
Wasser
1 Bund Wurzelwerk
1 Lorbeerblatt
10 schwarze Pfefferkörner
1/8 l Riesling
1/16 l Weißweinessig

Für das »Beuschelkräutl«:
80 g Schweineschmalz
2 Zwiebeln, fein gewürfelt
3 Knoblauchzehen, gehackt
1 Sardellenfilet, gehackt
1 KL Sardellenpaste
2 KL eingelegte Kapern
150 g Essiggurkerl, gehackt (Marinade aufheben)
2 KL Estragonsenf
1 kleines Bund glatte Petersilie, gehackt
geriebene Schale von einer halben Zitrone
1 TL getrockneter Majoran
etwas getrockneter Thymian

Zum Fertigstellen:
eine Einbrenn aus ca. 2 EL Schmalz, 2 EL glattem Mehl und etwas von dem entstandenen Fond
je 1 Karotte, 1 gelbe Rübe und ¼ Sellerieknolle in nicht zu feinen Streifen

$^{1}/_{16}$ l Riesling
2 EL Sauerrahm
1 EL Balsamicoessig
1 EL gehackte Petersilie
Salz und Pfeffer aus der Mühle

Die Lunge mehrmals mit einer Fleischgabel tief einstechen und mit dem Herz und den Fondzutaten in einem hohen Topf gut mit kaltem Wasser bedecken und sieden lassen, bis die Lunge weich ist – etwa 30 bis 40 Minuten. Die Lunge sollte komplett in den Fond gedrückt sein. Am einfachsten einen etwas kleineren Deckel verkehrt herum drauflegen und mit einem sauberen Stein o. Ä. beschweren.
Den entstehenden Schaum abschöpfen.
Die Lunge aus dem Fond heben und das Herz noch ca. 10 Minuten weitersieden lassen.
Am besten noch im heißen Zustand die Haut von der Lunge abziehen und möglichst viele der Röhren entfernen, ohne das Gewebe zu sehr zu zerpflücken. Die Lunge in einen Behälter geben, mit einem zweiten, nur um eine Spur kleineren Behälter beschweren und über Nacht in den Kühlschrank stellen. Das Herz von der Aorta, den Sehnen und dem Fett befreien.
Den entstandenen Fond abseihen.
Am nächsten Tag Lunge und Herz in nicht zu feine Streifen schneiden. Die Zwiebeln im Schmalz ohne Farbe anschwitzen, alle anderen Kräutlzutaten dazugeben und 10 Minuten durchrösten. Mit Wein ablöschen, mit dem Fond aufgießen, aufkochen lassen, das Wurzelgemüse dazugeben und bissfest kochen. Lunge und Herz dazugeben und gut durchkochen. Am Schluss mit der Einbrenn und dem Rahm binden und mit Gurkerlmarinade, Petersilie, Balsamico, Salz und Pfeffer abschmecken.
Am besten schmeckt das Beuschel, nachdem es zum zweiten Mal aufgewärmt wurde.
Die klassische Beilage dazu sind Semmelknödel.

Semmelknödel

Zutaten für 6 Stück:
¼ kg Semmelwürfel
100 g Butter
1 mittelgroße Zwiebel, fein gehackt
2 dl Milch
3 Eier
2 Dotter
Salz
gehackte Petersilie
Muskatnuss, gemahlen

Die Butter in einer Pfanne zerlassen und die fein gehackte Zwiebel darin glasig dünsten. Etwas abkühlen lassen. Währenddessen die Milch mit den Eiern und den Dottern versprudeln und über die Semmelwürfel gießen. Das Zwiebel-Butter-Gemisch zugießen, mit Salz, etwas geriebener Muskatnuss und gehackter Petersilie würzen. Gut durchrühren und eine gute halbe Stunde ziehen lassen.
In einem großen Topf gesalzenes Wasser zum Kochen bringen. Mit bemehlten Handflächen aus der Masse Knödel formen und im schwach wallenden Wasser ca. 15 Minuten ziehen lassen. Machen Sie sicherheitshalber einen kleinen Probeknödel. Sollte dieser im Wasser zerfallen, fügen Sie der Masse etwas griffiges Mehl bei.

Das kaisergelbe Wien

Vom Ersten Bezirk rund um die Hofburg, wo in den Ministerien mitunter Herzmanovsky-Orlando'sche Beamte wirken, von gekochtem Rindfleisch und Grillparzers Direktionszimmer und warum ein Altwiener wie mein Vater stets zu Fuß geht und keinesfalls die U-Bahn nimmt.

Die U2 ist die kürzeste U-Bahn-Linie Wiens. In engem Bogen folgt ihre unterirdische Strecke der westlichen Grenze der Innenstadt – vom Karlsplatz im Süden, über das Museumsquartier, das Volkstheater und das Rathaus, bis zur Universität und zum Donaukanal hinunter, der das Stadtzentrum im Nordosten begrenzt, und danach weiter bis in den Prater.

Der U-Bahn-Zug, in dem ich vor kurzem saß, hatte gerade in der Station Volkstheater gehalten und die Waggontüren hatten sich bereits wieder geschlossen, als draußen auf dem Bahnsteig ein Mann auf die langsam anrollende U-Bahn-Garnitur zustürmte, gegen die Scheiben trommelte, an den Türgriffen rüttelte und begeistert grinsend Kusshände in Richtung Wageninneres warf. Nicht weit von mir entfernt, auf einem Fensterplatz an der Bahnsteigseite, saß ein hübsches, blondes Mädchen. Die Botschaft des Mannes auf dem Bahnsteig war unmissverständlich: Er wollte einsteigen und sich der Schönen zu Füßen werfen. Doch der Zug beschleunigte, das Mädchen lehnte sich erleichtert zurück, und in die eingetretene Stille ertönte aus den Lautsprechern im Wageninneren plötzlich die schnarrende Stimme des U-Bahn-Chauffeurs: »Meine sehr geehrten Damen und Herren«, ertönte es mahnend, »ich mache Sie darauf aufmerk-

sam, dass das Zu- und Aussteigen nach der Durchsage ›Zug fährt ab!‹ verboten ist ...« Es folgte eine effektvolle Kunstpause. Dann hob der U-Bahn-Chauffeur wieder an, und der Schalk saß ihm hörbar im Nacken: »... und zwar aus Sicherheitsgründen und nicht aus Jux und Tollerei!«
Oberirdisch im Volkstheater spielten sie an diesem Abend Johann Nestroys »Einen Jux will er sich machen«. Unterirdisch in der U-Bahn war es auch ein bisschen wie bei Nestroy, bei dem es einmal heißt: »Ich kann nix davor, wie mir Eine vors Gesicht kommt, gleich keimt Liebe.«
Bei ihm würde gar nichts keimen, wenn er U-Bahn führe, sagte mein Vater, als ich ihm diese Geschichte erzählte. Außerdem nimmt er dieses Verkehrsmittel sowieso nicht und auch die vielgelobte Wiener Straßenbahn nur ausnahmsweise. Es fällt ihm im Traum nicht ein, mit anderen Individuen in engen Waggons auf Tuchfühlung zu gehen. Er geht zu Fuß. Und zwar zügigen Schritts. Er ist ein ambulanter Stadtmensch.
Stadt bedeutet für meinen Vater selbstverständlich Innenstadt, um genau zu sein, handelt es sich dabei um den Ersten Bezirk rund um die Hofburg und um manche Bereiche der angrenzenden Bezirke Josefstadt und Alsergrund, also des »Achten« und »Neunten«. Gemäß seiner Einschätzung handelt es sich hier um »gediegene Gegenden«. Jenseits dieser Bereiche zu wohnen, ist für ihn äußerst fragwürdig – mit Ausnahme der schon an den Wienerwald reichenden Teile der »noblen« Randbezirke Döbling oder Währing. Im Zweifelsfall aber: Innenstadt. In Gehnähe zum Auktionshaus Dorotheum in der Dorotheergasse, in Gehnähe zur Albertina und den großen Museen am Ring, in Gehnähe zu den Silber-, Uhren-, Geschirr- und Antiquitätengeschäften rund um den Graben und den Kohlmarkt und vor allem in Gehnähe zum Bundeskanzleramt am Ballhausplatz und zur Hofburg, in deren verschlungenen Trakten mein Vater viele Jahrzehnte seines Berufslebens verbracht hat. Bis er vor einigen Jahren

in Pension ging – und zwar, wie ich vermute, völlig unbeeindruckt von den Segnungen einer modernisierten Verwaltung oder so neumodischen Erscheinungen wie der elektronischen Akte. Seine Meinung dazu ist mir bis heute unbekannt. Das Väterchen ließ sich zu keinem Zeitpunkt in die Karten schauen. Auf meine Frage, ob ihn das Computerzeitalter vielleicht noch zu seiner aktiven Zeit im Amt überraschend eingeholt habe, meinte er vage: »Nur in den Anfängen, nur in den Anfängen.« Mich erstaunte das. Man schrieb immerhin bereits die Jahrtausendwende. »Konntest du dich dagegen sträuben?«, fragte ich raffiniert unverhohlen »Keinesfalls, wo denkst du hin, ich bin in Pension gegangen«, antwortete er mit der Andeutung eines Lächelns.

»Ich bin ein Eckstein des Staatsgefüges«, pflegte er einen Satz aus Fritz von Herzmanovsky-Orlandos skurriler Beamten-Schnurre *Der Gaulschreck im Rosennetz* zu zitieren, wenn man ihn nach Sinn und Wesen seiner Tätigkeit fragte. Berufliche Belange hielt er eher für ein ungeeignetes Konversationsthema. Ganz anders hielt er es mit der Literatur. Eben etwa mit Herzmanovsky-Orlandos *Gaulschreck* aus dem Jahr 1928. Schon als Kinder erfuhren wir aus dem Mund unseres Vaters vom k. u. k. Hofsekretär Jaromir Edler von Eynhuf – Hermanovsky-Orlandos an Wunderlichkeit kaum zu überbietendem Helden –, der als gigantischer Schmetterling verkleidet einen Maskenball besucht, um dort in die Nähe einer von ihm verehrten, stadtbekannten Schauspielerinnenschönheit namens Höllteufel zu kommen. Das mit Bedacht gewählte und angefertigte Kostüm wird Eynhuf zum Verhängnis. Gedemütigt und zerzaust, doch endgültig in unstillbarer Liebe zur Höllteufel entbrannt, verlässt er das Fest, nur um zum Zentrum eines noch unwürdigeren Schauspiels zu werden: Denn »ein kräftiger Weststurm erfasste den bejammernswerten Schmetterling und jagte und rollte den Stolpernden, Schwebenden, ob er wollte oder nicht, die Mariahilfer Straße hinunter«.

An den unseligen, beamteten Riesenfalter denke ich jedes Mal, wenn ich unten am Fuße der Mariahilfer Straße stehe, die sich seit Eynhufs Tagen zu einer der wesentlichen Einkaufsstraßen der Stadt gemausert hat. Die breite Straße bildet auch die südöstliche Begrenzung des Museumsquartiers. Mit seinen rund 60000 Quadratmetern Fläche war das »Muqua« zur Zeit seiner Fertigstellung im Jahr 2001 das achtgrößte Kulturareal der Welt. Hier befinden sich das Museum für Moderne Kunst (MUMOK), das Leopold-Museum, die Kunsthalle Wien, das Architekturzentrum, das ZOOM Kindermuseum und eine ganze Reihe von Kunstinitiativen, Ateliers, Buchhandlungen und Cafés. Die Gebäude der alten k.u.k. Hofstallungen wurden adaptiert, neue Museumsbauten errichtet: Für das Leopold-Museum und das MUMOK, beide aus der Planungswerkstatt des Architektenbüros Ortner & Ortner, entstanden zwei große, würfelige Neubauten; das eine außen ganz mit weißem Muschelkalk verkleidet, das andere mit grau-meliertem Vulkangestein. Das Leopold-Museum beherbergt – unter anderem – die weltweit größte Sammlung von Bildern des Malers Egon Schiele. So allgegenwärtig ist Schiele in Wien auf Postkarten, Plakaten und Werbesujets, dass man manchmal die ungeheure Ausdrucksstärke und Wirkung seiner Originalgemälde vergisst. Umso intensiver erfasst sie einen im Atrium des Leopold-Museums, wo man in zwei großen Räumen mit Fenstern, die bis zum Boden reichen, von einem berühmten Schiele-Mädchenakt oder -Selbstporträt zum anderen geht. Das Leopold-Museum ist überhaupt das Museum der Déjàvues: Im vierten Stock ist die Ausstellung »Wien 1900« untergebracht, mit einer wunderbaren Kollektion von Klimt-, Kokoschka- und Gerstl-Bildern sowie eigenen Räumen zum Wiener Jugendstil, zur stilprägenden Kunsthandwerkstradition der Wiener Werkstätte oder der Architektur der Jahrhundertwende. Dort oben gibt es auch einen kleinen Raum mit einer halbkreisförmigen Bank vor einem riesigen

Panoramafenster. Setzt man sich da hin, sieht man die Dächer des Kunsthistorischen und des Naturhistorischen Museums, die dem Museumsquartier gegenüberliegen. Die im Jahr 1891 fertiggestellten Ringstraßen-Gebäude sind im Stil der italienischen Renaissance erbaut. Mit ihren hohen, imposanten Kuppeldächern erzählen sie von der Sammelleidenschaft des kaiserlichen Österreich. Auf dem Platz dazwischen steht eine große Statue von Kaiserin Maria Theresia. Auch sie ist vom Panoramafenster des Leopold-Museums aus zu sehen, von wo aus man vor allem aber auch hinuntersieht auf den großen, langgestreckten Innenhof des Museumsquartiers. Hier herrscht sofort ein dichtes Menschengewusel, sobald im Frühjahr die ersten wärmeren Sonnentage anbrechen. Es ist ein junges, quirliges, buntgemischtes Wien, das sich einem hier die ganze Frühlings- und Sommer-Saison bis in den Herbst hinein präsentiert.

Ganz anders und doch ganz nahe dem kaum ein paar hundert Meter entfernten Gelände der Hofburg und des Bundeskanzleramts am Ballhausplatz, wo mein Vater zeit seines Berufslebens sein Büro hatte. Er goutierte es nicht, wenn man ihn im Amt anrief. Wenn ich es – selten genug – doch einmal wagte, konnte es vorkommen, dass ich an eine Sekretärin kam, die mir mit Näselstimme beschied: »Der Herr Doktor? Ich hab den Herrn Doktor heut' schon g'sehen. No, der wird bei Tisch sein.« Ich stellte ihn mir dann vor, wie er vor einem großen Teller mit zwei, drei Schnitten wunderbar mürbem Tafelspitz saß und sich genüsslich ein Stückchen abschnitt. Der Tafelspitz als Höhepunkt der klassischen Wiener Rindfleisch-Küche gehört zu dieser Stadt wie die Kirschblüte zu Japan. In den Restaurants, Beisln und Kaffeehäusern der Innenstadt, in die Heerscharen von Ministerialbeamten mittags ausschwärmen, zählt er zum Standardrepertoire. Das Epizentrum der Tafelspitz-Kultur liegt seit langem im Restaurant Plachutta in der Wollzeile, schräg gegenüber vom Museum für Angewandte Kunst am Ring.

Auch das mit Abstand berühmteste Kochbuch zur Wiener Küche stammt übrigens aus dem Hause Plachutta. Es gibt kaum einen Haushalt, in dem »der Plachutta« nicht in der Küche im Kochbuchregal stünde. Im Restaurant Plachutta jedenfalls werden die gekochten Fleischscheiben in Rindsuppe eingelegt serviert und die Beilagen – die Schnittlauchsauce, die gerösteten Erdäpfel, der Apfelkren – kommen in eigenen Schüsselchen. Die Vorstellung von meinem Vater beim Tafelspitz rührt womöglich daher, dass eine der berühmtesten kulinarischen Szenen der österreichischen Literatur einen Beamten, um genau zu sein einen Bezirkshauptmann, beim Genuss von gekochtem Rindfleisch zeigt. In Joseph Roths *Radetzkymarsch* nämlich isst der alte Baron von Trotta jeden Sonntag seinen »garnierten Tafelspitz« und »die wohlgefällige Betrachtung, die er dieser Speise widmete, nahm längere Zeit in Anspruch als die halbe Mahlzeit«.
Zudem hatte auch noch Kaiser Franz Joseph eine ausgewiesene Vorliebe für gekochtes Rindfleisch. Dadurch war es quasi nobilitiert und diente später – wie es in einem Beitrag der »Wiener Geschichtsblätter« zur Rindfleischküche heißt – den »in der Republik unbehausten Hofräten« als »eine Art klandestines Erkennungsmerkmal«, bis es schließlich endgültig verbürgerlicht den Eingang in alle Gesellschaftsschichten gefunden hatte.

»Hell ist Wien geworden«, sagt mein Vater. Früher sei alles grau und duster gewesen, und überall blätterten die Fassaden ab. Tatsächlich wirkt die Stadt ungeheuer herausgeputzt. Die barocke Pestsäule am Graben glänzt genauso frisch renoviert wie der Stephansdom, der jahrelang eingerüstet gewesen ist. Mein Vater geht zügigen Schrittes vom Inneren Burghof kommend in Richtung Kohlmarkt und Graben und weiter zum Stephansplatz. Er kennt hier jeden Stein, jedes Geschäft, die kleinen Seitengassen, die Schleichwege, die Abkürzungen und die verborgenen, überdachten Passagen. Keiner der als Mozart verkleideten, Perücke tragenden Konzertkartenverkäufer, die sich hier zwischen Touristengruppen tummeln, käme auf die Idee, ihn anzusprechen. Dort, wo sich heute im Eingang zum Sisi-Museum Touristen drängen, erzählt er, sei jahrzehntelang eine Tapisserierestaurierungswerkstatt untergebracht gewesen. Am Kohlmarkt, betont er, gebe es – abgesehen von der heillos überfüllten, ehemaligen Hofkonditorei Demel – nur mehr wenige alteingesessene Läden wie den renommierten Juwelier Rozet & Fischmeister, die Apotheke Zum goldenen Hirschen oder die Buchhandlungen Manz und Freytag & Berndt. Internationale Luxusmarken und Modeketten wie Gucci, Diesel, Chanel haben hier Einzug gehalten.

Die meisten von uns gehen ins Büro, höhere Wiener Beamte vom Schlag meines Vaters, die zweifellos einer langsam aussterbenden Spezies angehören, gingen »ins Amt«. Dort, im Amt, arbeiteten die Hof- und Ministerialräte der »beamtenhierarchischen Nation« Österreich – wie Heimito von Doderer es nannte – nicht in Büros, sondern in »Zimmern«. Der Sprachgebrauch darf einen nicht weiter wundern: Viele der Arbeitsräume in der Hofburg und in den nahe gelegenen Palais hatten ja tatsächlich ursprünglich als prunkvolle barocke Zimmer der geneigten herrschaftlichen Benutzung gedient – etwa als Metternichs Schlafzimmer oder als Musikzimmer der Erzherzogin von Modena oder als Esszimmer des Prinzen Eugen.
Altwiener Beamte wie mein Vater schrieben häufig mit Pelikan- oder Montblanc-Füllfederhaltern. Die briefliche Anrede »Sehr geehrter Herr Hofrat, lieber Fritz!« kam ihnen völlig normal vor. Sie kannten sich mit den verschlungenen sprachlichen Wendungen des Amtsösterreichischen genauso aus wie mit den kultivierten Dingen des Lebens: Mit Porzellan aus Meißen, von Augarten oder Herend, mit den Pun-

zierungen von englischen Silberteekannen, mit iranischen Flachweben, mit Biedermeiermalerei, Barockmöbeln und Kammermusik. Sie besaßen umfassende, stets abrufbare historische Kenntnisse. In meines Vaters unmittelbarer kollegialer Umgebung gab es aber auch einen großen Kenner der Hechtfischerei und einen ausgewiesenen Jazz-Experten.
Witz war erwünscht, Exzentrik jederzeit toleriert, solange sie mit gutem Benehmen und eleganten Umgangsformen einherging. Idealerweise kam man aus »alter Familie« oder zumindest aus »guter«. Gleichzeitig legte man äußerlich selbstverständlich nicht den geringsten Wert auf Herkunftsfragen. Das Credo hieß Understatement. Zur Schau getragene Wichtigtuerei galt ihnen als vulgär. Nasal und leise raunten sie einander dann diskrete Bosheiten zu – ihr Wienerisch eine singend-klingende Melange aus gedehnten Vokalen, rollenden Rs und stimmhaften S: »Schau, schau dir die an! Die hat ganz klein ang'fangen, und wie sie jetzt bedeutend schaut …«
Sie waren Historiker wie mein Vater, Juristen oder Absolventen der Wirtschaftsuniversität, die damals noch Hochschule für Welthandel hieß. In ihrer Weltsicht schien sich ein abgeschlossenes Studium zudem auf geheimnisvolle Weise auch auf die moralische Integrität und sittliche Reife seines Inhabers auszuwirken und etwas über dessen Kultiviertheit auszusagen.
Allerdings ist es nicht zulässig zu vermuten, ein akademischer Grad allein reiche schon aus, vor den Augen dieser Welt zu bestehen. An dieser Stelle kehren wir noch einmal zurück zu den öffentlichen Verkehrsmitteln Wiens. Ein uneinsichtiges Schicksal hatte es vor einiger Zeit so gefügt, dass mein Vater doch einmal die Straßenbahn nehmen musste. Ich glaube, er fuhr gemächlich zu seinem zweiwöchentlichen, ausnahmsweise aber bei einem verschwiegenen Grinzinger Heurigen stattfindenden Tarock-Abend. Tarock: auch dieses Kartenspiel ein klassisches Erkennungsmerk-

mal des traditionellen Wiener Beamtentums. Ihm gegenüber in der Straßenbahn Nummer 38 saß, so mein Vater, »ein Burscherl«, das lautstark und beharrlich in sein Handy plärrte. Fünf Minuten ließ sich mein Väterchen die akustische Belästigung gefallen, vielleicht auch zehn, vielleicht auch fünfzehn. Dann riss ihm der Geduldsfaden. Höflich, aber schneidend kalt teilte er dem »Burscherl« mit, so fesselnd seine privaten Ausführungen auch sein mögen, würde er ihn doch ersuchen, die Güte zu haben, seine Stimme etwas zu dämpfen. Das »Burscherl« konnte die Zurechtweisung nicht fassen, plusterte sich auf wie ein balzender Auerhahn und keifte: »Von Ihnen brauch' ich mir gar nix vorschreiben lassen. Ich bin Akademiker.«

»Wertester«, entgegnete mein Vater kühl, »wie man sieht, ist das kein Garant für gute Manieren.«

»Und eine Rechtsschutzversicherung habe ich auch«, erhöhte das erzürnte »Burscherl« seinen Einsatz.

»Auch die ist kein Schutz gegen schlechtes Benehmen.«

Mein Vater machte eine wegwerfende Handbewegung, als er mir die Geschichte erzählte: »Mit solchen – fast hätte ich gesagt – Troglodyten muss man sich in öffentlichen Verkehrsmitteln herumschlagen.«

Eines Tages ereilte mich ein Anruf meines wohlgelaunt klingenden Vaters. Er hatte mir Visitenkarten anfertigen lassen und stellte mir nun auch passende Kuverts dazu in Aussicht. »Ich glaube, ich brauche keine Kuverts«, sagte ich vorsichtig. »Na ja«, sagte mein Vater gütig, »aber wenn du irgendwo ein Präsent zu übergeben hättest …« Wir feilschten ein Weilchen, dann verkündete er beschwingt: »Ich rufe dich gleich noch einmal zurück, weil das natürlich schon ein Thema ist, das sehr aufwühlt.« Fünf Minuten später hatte ich ihn wieder am Telefon. »Also«, begann mein Vater im getragenen Ton der Anerkennung, »als der alte Ministerialrat B., der Chef des Hofmobiliendepots, in Pension gegangen ist, wollte er sich auch von mir verabschieden und hat mich in meinem Zimmer aufgesucht. Weil ich gerade nicht zugegen war, hat er mir auf meinem Schreibtisch eine Visitenkarte im Kuvert hinterlassen. Auf die Karte, der er ein Ohr abgebogen hatte, hatte er ›p.r.v.‹ geschrieben – ›pour rendre visite‹, um Besuch abzustatten.« Am anderen Ende der Leitung hörte ich ein Blättern. Jetzt las mein Vater vor, und zwar aus *Der gute Ton von heute* von Walther von Kamptz-Borken, Wien 1954: »Alle diese Sitten haben sich überlebt.« Er ist jetzt hörbar animiert. »Dieses Buch ist ein Juwel, ein einziger Traum. Auch das seelische Befinden kommt vor und das gesamte Mobiliar und die geistige Nahrung. Auch die Atomkraft, ein kleines Fremdsprachenverzeichnis. Es ist phänomenal. Was trägt der Herr? Was trägt die Dame? Vom Schenken, vom Rauchen, Tagebuch eines vom guten Ton Unerreichten, und jetzt ganz wesentlich: Vom Essen und Trinken. Es bleibt nichts unerwähnt … Das Grüßen allein ist eine Wissenschaft.« Mein Vater ist hingerissen. »Dann die Geschichte mit dem Handkuss. Da ist der äthiopische Kaiser-Neffe Aserate schwach im Vergleich! Auch die Verbeugung ist natürlich etwas ganz Tolles.« Er liest Passagen aus dem Kapitel vor. »*Am Gehsteig* – is' nicht leicht«, kommentiert er. Inzwischen kann er vor Heiterkeit kaum mehr weiterlesen. »Es ist zum Wiehern.« Schließlich, wieder zu mir: »Borg es dir aus, und du wirst endlich einmal ein bisschen Lebensart einsaugen. Ich habe hiermit also einen Vortrag zu halten versucht, der natürlich ins Leere geht«, scherzte mein Vater noch und legte auf.

Wäre ich in Wien aufgewachsen, hätte mich mein Vater womöglich im Dienste der Etikette in die traditionsreiche Tanzschule Elmayer in der Bräunerstraße geschickt. Sie ist eine Wiener Institution und gilt in bürgerlich-adeligen Kreisen nach wie vor als Gralshüterin aller jener Tugenden, die für einen formvollendeten gesellschaftlichen Umgang nötig sind. Jahrelang zog ihr Leiter, der medial omnipräsente Edelanzugträger Thomas Schäfer-Elmayer, die zuckerlsüß verpackten Debütantinnen und ernst blickenden Debütanten für die Polonaise heran, mit der der Wiener Opernball eröffnet wird. Wäre nichts für mich gewesen, dachte ich einige Tage später, als ich nahe der Tanzschule vorbeiging – die Rückseite der Oper bereits im Blick.

Ich war vom Michaelerplatz kommend in Richtung Albertina unterwegs und schlenderte durch die Passage vor dem Josephsplatz. Hier kann man neuerdings durch in die Mauer eingesetzte Sichtfenster in den Hof schauen, an dessen Seiten die Lipizzaner der Spanischen Hofreitschule aus ihren Boxen herausschauen. Kauende Pferdeköpfe hinter Glas, ein erstaunlicher Anblick mitten in der Innenstadt. Ich nahm mir vor, irgendwann einmal, nur um des Spaßes willen, eine der Lipizzaner-Kunstdressuren anzusehen. Mein Vater hatte mir kürzlich vom »Retter der Spanischen Hofreitschule« erzählt. Während des Zweiten Weltkriegs hatte dieser – ein Offizier namens Alois Podhaisky – »die Pferderln rechtzeitig, bevor es gekracht hat, in Richtung Westen evakuiert«. Später wurde er zum Leiter der Hofreitschule und wohnte in einer großen Wohnung in einem der oberen Stockwerke der Hofburg. »In einer quasi-ärarischen Wohnung«, erklärte mir mein Vater. »Ärarisch?«, fragte ich und lernte ein neues Wort für »zum Staatsvermögen gehörend«.

Dem Ärar begegnete ich an diesem Tag gleich noch ein zweites Mal, denn mein Weg führte mich weiter in eine der Seitengassen der Kärntnerstraße. In der Johannesgasse 6 war ich mit Herbert Hutterer, einem Historiker des Staatsarchivs, verabredet. Ich hatte ihn gebeten, mir das Direktionszimmer von Franz Grillparzer im alten Hofkammerarchiv zu zeigen. Das Haus aus der Mitte des 19. Jahrhunderts ist einer der ersten Archiv-Zweckbauten Mitteleuropas. Seine Bauweise wirkt fast mittelalterlich, mit ein Meter dicken Mauern, die dem Gewicht riesiger Aktenberge standhalten sollten. Die Hofkammer war die zentrale Finanzver-

waltung der Monarchie. Das dazugehörige Archiv leitete von 1832 bis zu seiner Pensionierung 1856 der Dichter Franz Grillparzer.
Herbert Hutterer führte mich in den zweiten Stock des seit ein paar Jahren fast völlig leer stehenden Gebäudes. Das Staatsarchiv, das bis 2006 darin untergebracht war, ist umgezogen, seine neuen Benutzer noch nicht eingezogen. Zu sehen ist derzeit nur das original Biedermeiermobiliar im zweiten Stock, das nicht mit umgesiedelt wurde. Die restlichen Stockwerke stehen leer, die Akten sind längst an einem anderen Ort. Nur hier, im zweiten Stock, ist alles noch wie zu Grillparzers Zeiten. Dicke Säulen stützen eine Kreuzgewölbedecke, hohe, mit Aktenbündeln aus der Zeit zwischen 1700 und 1820 gefüllte Holzregale unterteilen den Raum in längliche Kammern. Der Besuch hier lohnt. Die Atmosphäre der Räume ist gemütlich und verschroben zugleich. Er ist ein Ausflug in die Vergangenheit, in den Alltag des habsburgischen Beamtentums, dem Grillparzer – als dichtender Beamter und beamteter Dichter – angehört hatte. Das Wesen dieser Doppelexistenz lässt sich hervorragend in Grillparzers Tagebüchern studieren. Da heißt es zum Beispiel: »Ins Bureau. Statt des Kaisers Geschäfte zu besorgen, aus dem Deutschen ins Englische übersetzt.« Oder: »Um 12 Uhr ins Bureau. Keine Arbeit vorgefunden.« Oder: »Im Bureau Xenophon gelesen.«
Herbert Hutterer zeigte mir einige handgeschriebene Akten aus Grillparzers Zeit, gerichtet an so pittoresk benannte Institutionen wie die »Hochlöbl. k. k. vereinigte Einlösungs u. Tilgungsdeputation«. Und er klärte mich über ein seltsames Phänomen auf. Mir waren in den Akten auf der jeweils letzten Seite mit schwungvollem Federstrich geführte, gewellte Vertikallinien aufgefallen. Ich hielt sie für Unterschriftverzierungen. »Nein, nein, man beendete den Aktentext mit Demutsstrich«, belehrte mich Herr Hutterer. »Womit?« Herr Hutterer erklärte es genauer: »Je höher der

Rang dessen, an den man schrieb, desto länger der Demutsstrich und desto größer der Abstand zwischen dem Textende und der Unterschrift.« Ich dachte an einen Satz des wunderbaren österreichischen Publizisten und Essayisten Franz Schuh: »Der Begriff der individuellen Freiheit ist etwas, das nun wahrlich nicht in Österreich auf die Welt kam.«

Dafür gab es eine äußerst effiziente Verwaltung. Unter Kaiserin Maria Theresia war das feudalistische System der Habsburgermonarchie in einem gewaltigen Kraftakt in eine Beamtenadministration umgewandelt worden. Auch die Frage, wie Akten auszusehen hatten, welche Wege sie nahmen, welche Aktenzahlen und Nummerierungen sie trugen, waren systematische Neuerungen, die damals eingeführt wurden. Das System hatte sich bewährt. »Solange in der österreichischen Verwaltung mit Papier gearbeitet wurde«, erklärte mir Herr Hutterer, »war das fast noch mariatheresianisch.« Da die Umstellung auf elektronische Akten eine Erscheinung ist, die erst in den letzten Jahren abgeschlossen wurde, könnte man sagen, dass in Österreichs Amtsstuben noch bis ins 21. Jahrhundert hinein gelegentlich so gearbeitet wurde wie vor über 200 Jahren.

Auch Grillparzers täglich Brot waren Aktenbündel. Mit Demutsgesten hatte er es weniger. Seinen Vorgesetzten gegenüber trat er sehr selbstbewusst auf und fand, sein Gehalt als Beamter sei eine Art Anerkennung für seine Leistungen als Schriftsteller. Er wollte möglichst in Ruhe schreiben. Über dem Eingang zu seinem mit schönen, hellen Biedermeiermöbeln ausgestatteten Arbeitszimmer hängen ein paar gerahmte Zeilen aus seinen Tagebüchern: »Hier sitz ich unter Faszikeln dicht,/ Ihr glaubt verdrossen und einsam,/ Und doch, vielleicht, das glaubt ihr nicht,/ Mit den ewigen Göttern gemeinsam.« Für ihn ließen sich Beamtenpflicht und Musenkuss vereinbaren. Rechtzeitig zur Pensionierung bekam er auch noch den Hofratstitel verliehen – und er

bekam ihn gebührenfrei, eine Ehre, die nur bei besonderen Verdiensten gewährt wurde.
Gleich im ersten Raum des Hofkammerarchivs hängt an einem der Aktenregale ein großes, querformatiges Grillparzer-Porträt. Es entstand nach einem bekannten Foto des alten Dichters. Es zeigt ihn im Halbprofil, den linken Arm vorgestreckt auf einen Tisch gestützt, den rechten in den Ausschnitt seines Anzugs geschoben. Das Gemälde ist eine seltsame, faszinierende Darstellung von Grillparzer als würdigem Greis: altmeisterlich in Pinselführung und Lichtstimmung, fotorealistisch in der Wirkung, surreal in der Farbigkeit. Sein Grundton ist grün, auch Grillparzers Gesichtsfarbe ist grün.
Das Bild aus dem Jahr 1957 hat eine eigentümliche Geschichte. Es stammt von Rudolf Hausner, einem der Hauptvertreter der berühmten Wiener Schule des Phantastischen Realismus. Hausner war quasi per Gerichtsurteil dazu verpflichtet worden, es zu malen. Genauer gesagt, er tilgte damit Teile einer Schadenersatzforderung, die der Staat an ihn hatte. Dahinter stand die berühmte »Affäre Grill«, einer der größten Beamten-Skandale des 20. Jahrhunderts. In dem Prozess Anfang der 1950er Jahre stand der Wiener Staatsarchivar, Historiker und Karl-May-Experte Heinz Grill vor Gericht. Er war angeklagt, über mehrere Jahre goldene und silberne Siegelkapseln von wertvollen alten Urkunden aus dem Wiener Haus-, Hof- und Staatsarchiv gestohlen und zum Edelmetallpreis verkauft zu haben. Es ging um mehrere Hundert Stück entwendeter Siegelkapseln, -deckel und -bullen. Dazu kam, dass Grill außerdem eine ganze Reihe von Urkundensiegeln und -schnüren beschädigt oder ganz zerstört hatte und sogar einige historisch ganz besonders bedeutsame Urkunden. Rudolf Hausner, ein Freund Grills aus gemeinsamen Wehrdiensttagen und damals – arm wie eine Kirchenmaus – gerade im Begriff, sich als Maler einen Namen zu machen, hatte Grill eine Zeitlang beim Einschmel-

zen und Verhehlen der entwendeten Silber- und Goldstücke geholfen. Der Prozess erregte erhebliches Aufsehen. Heinz Grill, der zwar geständig, aber nicht unbedingt einsichtig war, wurde zu sieben Jahren, Hausner zu zwei Jahren Kerker verurteilt. Allerdings wurde der Maler nach einem Dreivierteljahr begnadigt und aus der Haft entlassen. In den folgenden Jahren gelang ihm endgültig der künstlerische Durchbruch. Die Schadenersatzforderungen der Republik stotterte er ab – unter anderem mit seinem Porträt von Franz Grillparzer. Der große Beamten-Skandal war zu einem kultivierten Ende gekommen.

Zum kaisergelben Wien passt hervorragend das, was als Königsdisziplin der Wiener Küche gilt, nämlich das allseits bekannte und geschätzte Wiener Schnitzel, das zugleich auch sicher das berühmteste aller Wiener Gerichte ist. Außerdem dürfen natürlich der bereits mehrmals erwähnte Tafelspitz sowie eine fürstliche Nachspeise, der Kaiserschmarren, nicht fehlen.

Wiener Schnitzel mit Erdäpfelsalat

Zutaten für 4 Personen:
Für die Schnitzel:
4 Kalbsschnitzel (vom Fricandeau, von der Nuss oder von der Schale)
2 Eier
70 g glattes Mehl
100 g Semmelbrösel
Salz
Butterschmalz (oder Öl) zum Herausbacken

Für den Salat:
¾ kg speckige Erdäpfel (am besten sind Erdäpfel der Sorte »Kipfler«)
1 Zwiebel, fein gehackt
¼ l Rindsuppe
8 EL Pflanzenöl
4 EL Apfelessig
Salz
Pfeffer

Die Kalbsschnitzel mit einer Klarsichtfolie bedecken und vorsichtig auf ca. 5 mm Dicke klopfen (nicht zu heftig, damit die Fleischfaser dabei nicht zu stark verletzt wird).
Das Mehl in einen tiefen Teller geben, die Semmelbrösel in einen zweiten und die mit einer Gabel verquirlten Eier in einen dritten. Das Fleisch auf beiden Seiten salzen. Danach jedes Schnitzel zuerst beidseitig in Mehl wenden, dann durchs Ei ziehen und abschließend in den Semmelbröseln wenden. Die Semmelbrösel dabei nicht zu fest andrücken.
In einer großen Pfanne Butterschmalz erhitzen. Das flüssige Schmalz sollte den Pfannenboden ca. 3 cm tief bedecken. Die Schnitzel in das heiße Fett einlegen und unter vorsichtigem Schwenken der Pfanne backen. Nach ca. 2 Minuten die Schnitzel mit einer Gabel umdrehen und fertig backen.
Nach dem Herausheben die Schnitzel am besten auf Küchenkrepp abtropfen lassen.
Zwei klassische Beilagen zum Wiener Schnitzel sind Erdäpfelsalat oder Petersilien-Erdäpfel. Meistens wird das Wiener Schnitzel zum Servieren mit einer Zitronenspalte oder -scheibe garniert.
Für den Erdäpfelsalat speckige Erdäpfel in der Schale kochen, schälen und in dünne Scheiben schneiden. Die noch warmen Erdäpfelscheiben mit lauwarmer Suppe übergießen. Anschließend Öl, Essig und die fein gehackte Zwiebel untermengen und mit Salz und Pfeffer abschmecken. Während des Auskühlens

ab und zu umrühren und einige Zeit durchziehen lassen. So schmeckt der Erdäpfelsalat am besten. In Wien kommt in die Marinade oft auch noch etwas Zucker. Wer mag, kann den Erdäpfelsalat zum Servieren mit etwas Petersilie bestreuen.

Tafelspitz mit Schnittlauchsauce, Rahmspinat und Erdäpfelschmarren

Zutaten für 4 Personen:

1 kg Tafelspitz (oder ein anderes zum Kochen geeignetes Stück vom Rind)
4 Markknochen, kalt abgewaschen
1 Zwiebel
3 Karotten
1 gelbe Rübe
1 Petersilienwurzel
½ Stange Lauch
¼ Knolle Sellerie
5 Lorbeerblätter
10 Wacholderbeeren
15 Pfefferkörner

Die ungeschälte Zwiebel halbieren und die Hälften in einer Pfanne mit wenig Öl dunkel rösten. Die Markknochen unter kaltem Wasser gut abspülen. In einem großen Topf zwei bis drei Liter kaltes Wasser zum Kochen bringen. Danach Fleisch, Markknochen, Zwiebelhälften, die übrigen Gemüse und Gewürze ins Wasser geben und ca. zwei Stunden leicht köcheln lassen. Den dabei an der Oberfläche entstehenden Schaum regelmäßig abschöpfen.
Das fertig gekochte Fleisch aus dem Topf nehmen. Die entstandene Rindsuppe mit Salz und eventuell Suppenwürfel abschmecken. Die Suppe durch ein Sieb gießen. Die weich ge-

kochten Gemüse – vor allem Karotten, Sellerie, Petersilienwurzel und gelbe Rübe – kann man aufheben und später nach Geschmack als Suppeneinlage oder zum Garnieren verwenden. Die Rindsuppe beiseitestellen.

Für den Erdäpfelschmarren:
ca. 750 g gekochte speckige Erdäpfel
1 große gehackte Zwiebel
Öl oder Butterschmalz
Kümmel
Majoran
Salz, Pfeffer

Die gehackte Zwiebel im heißen Fett glasig werden lassen. Die geschälten, in dünne Scheiben geschnittenen Erdäpfel dazugeben, unter mehrmaligem Durchrühren rösten lassen und mit Kümmel, Majoran, Salz und Pfeffer abschmecken.

Für den Rahmspinat:
ca. 750 g Blattspinat
200 ml Schlagobers
$^1/_8$ l Rindsuppe
1 kleine Zwiebel, fein gehackt
Butter
Salz, Pfeffer, Muskatnuss

Die Zwiebelwürfel in Butter anschwitzen, mit dem Obers und der Rindsuppe aufgießen und etwas einkochen lassen. Die Konsistenz sollte leicht sämig sein. Den Blattspinat einrühren und so lange köcheln, bis er zusammenfällt. Salzen, pfeffern und mit etwas geriebener Muskatnuss würzen.

Für die Schnittlauchsauce:
3 hart gekochte Eidotter
2 rohe Eidotter

100 g entrindetes Weißbrot
Milch zum Einweichen
¼ l Pflanzenöl
1 Bund Schnittlauch
Estragon-Senf
Essig
Salz
Pfeffer
Zucker

Das in kalter Milch eingeweichte Weißbrot gut ausdrücken und mit den hart gekochten Eidottern durch ein Sieb passieren. Danach die rohen Eidotter und die übrigen Gewürze – mit Ausnahme des Schnittlauchs – dazugeben. Mit dem Mixer unter langsamer, tropfenweiser Beimischung des Öls zu einer sämigen Konsistenz verarbeiten. Der fein gehackte Schnittlauch wird erst in die fertige Sauce eingerührt.
Der gekochte Tafelspitz wird in fingerdicke Scheiben geschnitten und in der heißen Rindsuppe erwärmt. Anrichten und mit den Beilagen servieren.
Weitere traditionelle Beilagen zum Wiener Tafelspitz sind zum Beispiel auch Dillfisolen, Rahmkohl, Apfelkren oder Semmelkren.
Die Rindsuppe selbst kann später auch als eigenständiges Suppengericht mit verschiedenen Einlagen wie z. B. Fritatten, Leberknödel oder Grießnockerl serviert werden.

Kaiserschmarren

Zutaten für 4 Personen:
6 Eier
100 g glattes Mehl
¼ l Milch

4 EL Kristallzucker
2 EL Rosinen
2 EL Rum
1 KL Vanillezucker
Butter

Die Rosinen in Rum eingelegt ein paar Stunden ziehen lassen. Die Eidotter vom Eiklar trennen. Die Dotter mit Mehl, Milch und Vanillezucker verrühren. Das Eiklar mit dem Kristallzucker und einer Prise Salz zu einem festen Schnee schlagen und durch vorsichtiges Unterheben mit dem Teig vermengen. Das Backrohr auf ca. 200 Grad vorheizen. Währenddessen Butter in einer Pfanne – am besten vorm Anbrennen schützt eine beschichtete Pfanne – erhitzen, die Masse hineingießen und mit den Rumrosinen bestreuen. Sobald der Teig angebacken ist, ins vorgeheizte Backrohr stellen und den Schmarren fertig backen. Das dauert ca. 10 Minuten. Fertig ist der Schmarren, wenn er oben schön braun ist. Herausnehmen, mit zwei Gabeln in kleine Stücke reißen und mit etwas Staubzucker bestreuen. Dazu passt am besten Zwetschkenröster oder Zwetschkenkompott.

Das kaffeebraune Wien

Vom Kaffeetrinken und muffigen Kellnern, von Lieblingskaffeehäusern, dem schlechten Einfluss, den der italienische Cappuccino auf den Kleinen Braunen hat, und warum man nie falsch liegt, wenn man in Wien einem »Aida«-Schild folgt.

»Also«, sagt Adi bestimmt, »der Unterschied zwischen einem Wiener Kaffeehaus und einer Wiener Konditorei ist, dass in der Konditorei die alten Weiber zum Kaffeetrinken ihre Pelzhauben nicht abnehmen.«

»Das kannst du im Kaffeehaus auch haben …«, werfe ich ein.

»Aber seltener. Dafür gibt es in der Konditorei die ganze Palette der Mehlspeisen. Im Kaffeehaus hingegen nur einige wenige Mehlspeisklassiker wie Apfel- oder Topfenstrudel und ein, zwei Torten. Allerdings gibt es dazu auch warme Küche.«

»Geh bitte, normalerweise gibt's im Kaffeehaus außer Mehlspeisen gerade einmal Frankfurter Würstel, Schinken-Käse-Toast und eineinhalb verschiedene belegte Brote.«

»Unsinn«, sagt Adi, »die meisten Kaffeehäuser haben warme Küche und mindestens ein Mittagsmenü.«

»Im Bräunerhof oder im Korb zum Beispiel«, sekundiert ihm Freund Mike, »genauso im Sperl, im Tirolerhof, im Prückel, im Central oder im Schwarzenberg. Aber der eigentliche Unterschied zwischen Konditorei und Kaffeehaus ist ein anderer …«

»Und zwar?«, frage ich.

»Die Verweildauer!«, sagt Mike siegessicher.

»Aha, die Verweildauer also! Sehr schönes Wort«, spotte ich.

»Völlig richtig, die Verweildauer«, sekundiert Adi, »die Verweildauer ist im Kaffeehaus länger, und zwar deswegen, weil man ins Kaffeehaus nicht etwa nur zum Kaffeetrinken, sondern zum Zeitunglesen geht.«

»In der Konditorei gibt es meistens nicht einmal Zeitungen.«

»Höchstens irgendwelche Gratis-Revolverblätter, die jemand dort vergessen hat. Aber im Kaffeehaus liegt alles auf.«

»Im Idealfall hübsch eingespannt in einen Zeitungshalter. Im Bräunerhof zum Beispiel. Oder im Prückel.«

»Im Korb auch.«

»Ist ja schon gut!«

Der Narzissmus der kleinen Differenz führt dazu, dass der Unterschied zwischen Kaffeehaus und Konditorei zwar schwierig zu bestimmen, letztlich aber doch für jeden Wiener klar spürbar ist. Schwieriger schon ist zu erklären, warum es gerade das Wiener Kaffeehaus zu solcher Berühmtheit gebracht hat. Genauso großen Anspruch darauf hätte gewiss das Budapester oder das Prager Kaffeehaus. Die Kaffeehausliteraten waren dort ebenso zahl- wie geistreich. Nun, vielleicht liegt es daran, dass man es aus Zeiten der k. u. k. Monarchie irgendwie gewohnt war, in Richtung Wien zu starren und sich das auch noch Jahrzehnte nach 1918 nicht abgewöhnen konnte. Und so wie Bad Ischl im Salzkammergut bis heute zu einem Gutteil vom Kaiser lebt, der dort die Sommerfrische zu verbringen pflegte, so lebt auch Wien gut von der Denkmalpflege seiner Klischees – eines davon ist das Kaffeehaus und der Wiener Kaffee. Ein paar Ratschläge zur Güte gleich vorab: Auch wenn es jeder Wien-Führer dringend empfiehlt: Das Café Hawelka in der Dorotheergasse kann man – auch wenn es einem das Herz bricht, das zu sagen – inzwischen getrost auslassen. Ich kenne niemanden, der dort tatsächlich noch regelmäßig hinginge, außer

mit Freunden von außerhalb, die es unbedingt einmal sehen wollen, weil es das berühmteste aller Wiener Künstler-Kaffeehäuser ist. Die ausgelassenen Zeiten, die zum Beispiel zu Austro-Pop-Klassikern wie Georg Danzers »Jö schau, so a Sau, Jössas na!/ Was macht a Nackerter im Hawelka …?« aus dem Jahr 1976 führten, sind eindeutig vorbei. Außerdem ist vor ein paar Jahren auch noch die alte Frau Hawelka gestorben, übrigens vorbildlich an ihrem einzigen freien Tag in der Woche, einem Dienstag. An dieser Stelle muss noch einmal ein Loblied auf Josefine Hawelkas himmlisch köstliche Buchteln gesungen werden: Nirgendwo sonst war der Buchtel-Germteig flaumiger! Wenn man hineinbiss, schmolz einem die Powidlfüllung förmlich auf der Zunge. Frau Hawelka holte sie aus dem Ofen und servierte sie noch warm. Es ist ein Glück, dass ihr Enkel die Buchtel-Tradition des Café Hawelka auch nach ihrem Tod fortführt. Insofern gibt es für Mehlspeis-Tiger immer noch einen Grund, ins Café Hawelka zu gehen: um der Buchteln willen!
In den 1950er, 1960er und 1970er Jahren hingegen sah die Welt des Café Hawelka ganz anders aus. Damals galt es als das zweite Wohnzimmer von gut und gerne zwei Generationen der namhaftesten Wiener Schriftsteller und Künstler. Hier saßen die Sprachexperimentierer der »Wiener Gruppe« rund um H. C. Artmann, Friedrich Achleitner, Gerhard Rühm und Oswald Wiener genauso wie Heimito von Doderer, Friedrich Torberg, Hilde Spiel oder der junge André Heller mit seinem engen Freund Helmut Qualtinger. Die alte Frau Hawelka, die zu dieser Zeit natürlich noch gar nicht alt war, habe ihm damals das eine oder andere zu essen zugesteckt, erzählt André Heller heute und auch, dass er sich als ganz junger Mensch an den Tischen der deutlich älteren künstlerischen Prominenz ganz still verhalten und nur zugehört habe. Mitreden dürfen, das kam erst mit den Jahren.
Gleich schräg gegenüber vom Café Hawelka, in der Doro-

theergasse Nummer 3, wohnte von 1913 bis zu seinem Tod im Jahre 1919 ein anderer Großer der Wiener Kaffeehausliteratur: Peter Altenberg. Das ist deswegen erwähnenswert, weil das Hotelzimmer des Bohemiens, Schriftstellers und Mädchenliebhabers im damaligen Grabenhotel um nichts weniger berühmt war als er selbst. »Mein einfenstriges Kabinett im fünften Stock des Grabenhotels ist mein ›Nest‹, Halm für Halm zusammengesucht seit zwanzig Jahren«, notierte Altenberg. Die 10000 Postkarten, Photos, Bilder und vor allem Frauen- und Mädchenbildnisse, mit denen er die Wände seines Zimmers von oben bis unten austapezierte und die er – im Fall der Mädchenbilder – mit schriftlichen Anmerkungen wie »Dich nackt, splitternackt erträumen« oder »Die absolut idealen Beine« verzierte, befinden sich heute im Wien Museum. Eine lebensgroße Peter-Altenberg-Gipsfigur mitsamt dem berühmten Dichter-Schnurrbart sitzt übrigens in der Nähe des Eingangs zum Café Central in der Herrengasse, einem weiteren äußerst beliebten Treffpunkt der Kunst- und Kulturszene, über das Alfred Polgar sogar eine *Theorie des Café Central* verfasste: einmal Kaffeehausliterat, immer Kaffeehausliterat.

Am Ende der Herrengasse liegt der Michaelerplatz, wo sich im Café Griensteidl in den Jahren um die Jahrhundertwende vom 19. ins 20. Jahrhundert Arthur Schnitzler, Hugo von Hofmannsthal, Karl Kraus und die Literatengruppe um Hermann Bahr trafen, zu der auch der Feuilletonist Felix Salten gehörte. Salten wird nicht nur die Autorenschaft der Memoiren der Josefine Mutzenbacher – Wiens berühmtester, wenn auch vermutlich nur fiktiver Hure – zugeschrieben. Sie erschienen 1906 und gelten seither als meisterhafter Klassiker der erotischen Literatur. Weltberühmt wurde Salten allerdings mit etwas ganz anderem, einem Tiermärchen: *Bambi. Eine Lebensgeschichte aus dem Walde.* Als Salten dem wegen seiner spitzen Feder und bösen Zunge gefürchteten und persönlich wenig beliebten Karl Kraus im Kaffee-

haus eine Ohrfeige verpasste, wurde dieser skandalöse Vorgang – wie Stefan Zweig am 15. Dezember 1895 sichtlich zufrieden in seinem Tagebuch vermerkte – »allseits freudig begrüßt«.
Vom Café Griensteidl ist es nur mehr einen Steinwurf weit bis zum eingangs schon erwähnten Café Bräunerhof. Der Bräunerhof ist wie ein vor Jahrzehnten maßgefertigtes, gut geschnittenes englisches Sakko: von abgetragener Eleganz, stilvoll und eigenwillig. Die Kellner? Ganz alte Schule. Das heißt? Von zuvorkommender Höflichkeit und feinem Humor, wenn sie in Stimmung sind. Von unterkühltem Hochmut, wenn nicht. Mit einem Wort: Ideal. Besser wird's nicht. Dasselbe gilt fürs Café Korb in der Brandstätte unweit des Stephansdoms. Früher, sprich vor ihrem Literaturnobelpreis, konnte man dort jederzeit Elfriede Jelinek begegnen. Inzwischen scheint sie deutlich seltener ins Kaffeehaus zu gehen.
Eines lohnt sich aber immer: wenn man in Wien dem rosaroten Aida-Schriftzug folgt. Begegnen kann man dem in der ganzen Stadt insgesamt 27-mal. Der richtige Sprachgebrauch lautet: Die Aida. Die »Cafékonditorei« Aida ist die wunderbarste Institution überhaupt. Eigentlich das »missing link« zwischen Wiener Kaffeehaus und Wiener Konditorei, unbelastet von den riesigen Mythen des einen und dem hausbackenen Image der anderen. Wie das gelungen ist, bleibt ein Rätsel, aber irgendwann galt das in Rosa, Braun und Orange gehaltene Retrodesign der Aida-Filialen plötzlich wieder als schick. Ein kleines, dezentes Facelifting tat das Seine. Außerdem ist die Aida eine urdemokratische Einrichtung, die gleichsam keine Altersgruppe, keine soziale Gruppe, keinen Stil ausschließt. Hier gibt es unwidersprochen die besten Creme- und Kardinalschnitten der Stadt und einen der besten Kaffees aus besonders milder Röstung. Womit jetzt ein paar Worte zum Kaffee selbst fällig wären. »Wiener Kaffee, Wiener Kaffee, was soll das sein?«, höhnt

ein Freund, der lange Zeit Kellner war, »gehst du in die Pizzeria und sagst ›Eine Pizza, bitte‹? Na, also! Wie dann irgendjemand auf die Idee kommen kann, im Kaffeehaus einen Kaffee zu bestellen, ist mir schleierhaft. Man bestellt keinen Kaffee. Man bestellt einen großen oder einen kleinen Braunen, eine Melange oder einen Verlängerten oder sonst irgendwas, aber sicher keinen Kaffee. Wenn man einen Kaffee bestellt und dann tatsächlich etwas serviert bekommt, weiß man, dass man nicht ernst genommen wird. Das ist wie am Würstelstand. Letzthin war ich am Würstelstand Ecke Graben und Seilergasse und höre eine Russin auf Englisch ›One sausage, please‹ sagen. Der Mann im Würstelstand zuckte nicht mit der Wimper, nahm die Bestellung auf und servierte ihr eine Käsekrainer mit Curry. Käsekrainer mit Curry! Dafür muss man wirklich in der richtigen Stimmung sein. Ich würde das nicht als neutrale Durchschnittswurst im Sinne von Frankfurter Würsteln bezeichnen.«
Besser also, man wappnet sich für den Kaffeehausbesuch. Die Gefahr dabei: Wenn Sie zehn Wiener bitten, Ihnen die Kaffeekarte eines Wiener Kaffeehauses aufzuschlüsseln, werden Sie es am Ende vermutlich mit ebenso vielen Erklärungen wie Befragten zu tun haben. Fragt man meinen Freund Adi, einen selbsternannten Experten in Kaffeefragen und eingefleischten Besucher des Café Bräunerhof in der Stallburggasse unweit des Grabens, dann sieht die Sache folgendermaßen aus: »Erstens: Kleiner Brauner, Kleiner Schwarzer. Ein klassischer Kleiner Brauner ist ein Kleiner Schwarzer mit flüssigem Obers. Von der Kaffeepulvermenge her entsprechen Kleiner Brauner und Kleiner Schwarzer ungefähr, wenn auch nicht ganz, einem italienischen Espresso. Nur einmal mit und einmal ohne Obers. Das Obers gehört nicht in den Kaffee hineingegossen. Klassischerweise lässt man es nur vorsichtig über einen umgedrehten Löffel in die Tasse rinnen, damit es an der Oberfläche schwimmt. Diese Technik ist allerdings vom Aussterben bedroht. Dann

gibt es den Großen Schwarzen und den Großen Braunen: Doppelte Menge Kaffee und doppelte Menge Wasser, einmal ohne, einmal mit Obers. Oder meinetwegen warmer Milch. Was meistens nicht auf der Karte steht, ist das, was der Alfred Hrdlicka früher immer im Bräunerhof zu sich genommen hat, den ›Großen Braunen kurz‹. Das ist die doppelte Kaffeemenge, aber nur so viel Wasser wie beim Kleinen Braunen. Anders gesagt: Die Kaffeemenge vom Großen Braunen mit der Wassermenge vom Kleinen Braunen. Dann der Verlängerte. Der wiederum besteht aus der einfachen Kaffeemenge wie der Kleine Braune, aber der doppelten Wassermenge, ist also ein verlängerter Kleiner Brauner. Daher der Name. Die Melange wiederum ist auch ein Verlängerter, allerdings unter Anführungszeichen, weil mit Milchschaum statt Obers. Quasi das Pendant zum italienischen Cappuccino, aber ohne Firlefanz wie drübergestreutes Kakaopulver. Um genau zu sein ist eine Melange ein Kleiner Brauner, der mit Milchschaum auf die Menge eines Großen Braunen aufgegossen wird. Eine schreckliche Unart, die von der Cappuccino-Trinkerei kommt, hat in den letzten Jahren um sich gegriffen: Milchschaum statt Obers im Kleinen Braunen. Das geht gar nicht. Zur Not geht noch warme Milch.«

»Uff, kompliziert das alles«, sage ich.

»Ich bestell mir jetzt einen Kleinen Braunen«, sagt Adi. »Wie immer.«

Vor einigen Jahren, es war ein sonniger Nachmittag im Sommer und die goldene Lorbeerkuppel der Secession blitzte vom Naschmarkt herüber, saß meine Cousine Nani mit einem deutschen Studienkollegen in der Operngasse in einer der Fensternischen des Café Museum, das damals noch wunderbar gemütlich und verschlissen war. 2003 wurde es einer Restaurierung nach Adolf Loos' Originalplänen unterzogen. Seither hat es einen Teil seines Charmes an einen

seltsam steril wirkenden Hochglanz verloren. Trotzdem, Café Museum bleibt Café Museum, und im Sommer sitzt es sich gut draußen vor den Fenstern mit Blick hinüber auf die barocke Kuppelarchitektur der Karlskirche und auf den Karlsplatz, der einem berühmten Satz von Otto Wagner zufolge »kein Platz, sondern eine Gegend ist«. Jeder, der schon einmal versucht hat, den Karlsplatz oberirdisch – und nicht durch die langen Gänge der darunterliegenden U-Bahn-Station – zu queren, wird dem zustimmen.
Adolf Loos jedenfalls, der Gründervater der Moderne in der Architektur, hatte das Café Museum 1899 eingerichtet. Seine Ausstattung galt als Revolution der Einfachheit, als Triumph der klaren Linie über den Ornamentalgeschmack des Jugendstils, vor allem des Jugendstils in seiner Wiener Spielart – der Secession. »Sehr nihilistisch, aber appetitlich, logisch, praktisch« lautete einer der Kommentare nach der Eröffnung des Cafés, das sich rasch in die Riege der großen Künstlercafés der Zeit einreihte. Das Logisch-Praktische und erst recht das Appetitliche an der Inneneinrichtung kamen noch zu Loos' Lebzeiten unter die Räder. Es wurde umdekoriert. Danach ging es weniger streng zu im Café Museum, dafür wurde es deutlich gemütlicher. In den späten 1980er und 1990er Jahren war es zu praktisch jeder Tageszeit im vorderen Bereich gut gefüllt mit Studentenrunden, die auf gepolsterten Bänken mit speckigen, abgewetzten Samtbezügen wie die Schlote rauchten. Im hinteren Bereich wurden die Touristen untergebracht, die sich – entzückt oder eingeschüchtert von der ehrfurchtgebietenden Authentizität des Ortes – zumeist vollkommen unauffällig verhielten und im Gedränge nicht weiter auffielen. Die Kellner waren berüchtigte Rüpel. »Woher stammt die Legende, dass Wiener Kaffeehauskellner charmant seien?«, erkundigte sich vorsichtig flüsternd der deutsche Studienkollege bei meiner Cousine Nani, nachdem der Kellner sie schon einige Zeit ignoriert hatte. Sie winkten, sie riefen, sie deuteten. Es half

nichts. Der Kellner kam nicht. Im damaligen Café Museum war das nichts Ungewöhnliches. Erfolgreich zu bestellen fiel in die Kategorie sportlicher Etappensieg. Als ihr Bestellelan nachließ, tauchte der Kellner plötzlich unvermittelt an ihrem Tisch auf und schaute ungeduldig. Überrumpelt stammelte der Studienkollege: »Einen Kaffee, bitte!« »Hamma nicht!«, sagte der Kellner barsch, drehte sich um und ging. Nani starrte den Studienkollegen böse an. Sie wusste, sie hatte ihren Kredit im Café Museum, so klein er auch gewesen sein mochte, in nur einer Sekunde verspielt.

Zwei typische Wiener Kaffeehaus-Mehlspeisen sind der Apfelstrudel und die Buchteln. Apfelstrudel wird praktisch in so gut wie jedem Wiener Kaffehaus serviert, Buchteln hingegen – deutlich aufwendiger in der Zubereitung – sind mittlerweile ein rares Gut. Findet man sie auf der Karte, sollte man auf jeden Fall zuschlagen. Wem im Kaffeehaus das Herz nicht nach Süßem, sondern nach Salzigem steht, dem sei das Rezept fürs Fiakergulasch ans Herz gelegt: Auch Gulasch steht in Wien auf jeder guten Kaffeehaus-Menükarte. Und das Fiakergulasch hat noch ein paar Extras dabei.

Apfelstrudel

Zutaten:

1,5 kg säuerliche Äpfel (z. B. Boskop)
Strudelteig (Fertigteig aus dem Kühlregal)
120 g Kristallzucker
120 g Semmelbrösel
100 g Butter
3 EL Rosinen, ein paar Stunden in Rum eingeweicht

1 KL Zimt
1 EL Vanillezucker
eventuell eine Handvoll geriebener Nüsse (z. B. Walnüsse)

Äpfel schälen, entkernen und dünn blättrig aufschneiden. In einer Pfanne Butter erhitzen und die Semmelbrösel darin goldbraun rösten. Die Apfelscheiben in einer großen Schüssel mit Kristall- und Vanillezucker, Zimt, den Rumrosinen und den geriebenen Nüssen sowie den etwas ausgekühlten gerösteten Semmelbröseln vermengen.
Den Strudelteig auflegen, die Apfelmasse in einer Art Rolle auf der unteren Teighälfte verteilen und den Teig vorsichtig einrollen (s. Beschreibung auf der Strudelteigverpackung).
Den Strudel auf ein mit Butter eingefettetes Backblech legen, mit flüssiger Butter bepinseln und im vorgeheizten Backrohr bei 200 Grad ca. 40 Minuten braun backen.
Zum Servieren mit Staubzucker bestreuen. Der Apfelstrudel kann sowohl warm als auch kalt gegessen werden.
Dieses Rezept ist leicht zu variieren: Ersetzen Sie die Äpfel einfach durch Zwetschken, Rhabarber oder Marillen bzw. mischen Sie z. B. Äpfel mit Rhabarber.

Buchteln mit Powidl

Zutaten für 4 Personen (8 Stück):
250 g glattes Mehl
125 ml lauwarme Milch
20 g Germ
40 ml Öl
1 Ei
2 Eidotter
30 g Staubzucker
1 Prise Salz

etwas flüssige Butter
200 g Powidl
1 EL Rum

In einer Schüssel die zerbröckelte Germ in der lauwarmen Milch auflösen. Circa die Hälfte des Mehls glatt einrühren und mit etwas Mehl bestauben. Dieses nun so genannte »Dampfl« mit einem Tuch zudecken und an einem warmen Ort eine halbe Stunde gehen lassen. Danach mit dem übrigen Mehl, dem Ei, den zwei Dottern, Salz, Staubzucker und Öl zu einem Teig verarbeiten. Richtig ist er dann, wenn er sich vom Schüsselrand löst. Weitere 20 Minuten zugedeckt an einem warmen Ort rasten lassen.
Den fertigen Teig in Rollenform bringen und in 8 gleiche Teile teilen, die auf ca. 1 cm dicke Scheiben flach gedrückt werden. Nun jeweils einen gehäuften Kaffeelöffel des zuvor mit Rum vermischten Powidl auf die Teigscheiben setzen. Diese zusammenschlagen und an den Nahtstellen mit flüssiger Butter bestreichen. Mit den bestrichenen Seiten nach unten so in eine ausgebutterte Form setzen, dass die Buchteln eng an eng stehen. Danach nochmals bei Zimmertemperatur etwa eine halbe Stunde gehen lassen. Die Buchteln sollten dabei um etwa die Hälfte größer werden. Zum Abschluss mit etwas flüssiger Butter bestreichen und im vorgeheizten Backrohr bei ca. 180 Grad so lange backen, bis die Buchteln goldbraun geworden sind. Das dauert in etwa eine halbe Stunde.
Zum Servieren die Buchteln portionieren und mit Staubzucker bestreuen. Klassischerweise wird dazu Vanillesauce gereicht. Anstelle von Powidl können auch andere Marmeladen verwendet werden, z. B. Marillen- oder Weichselmarmelade.

Fiakergulasch mit Gurkerl und Spiegelei

Zutaten für 4 Personen:
1 kg Gulaschfleisch (vom Rinderwadschinken oder von der Schulter)
1 kg Zwiebeln
2–3 rote Paprika
5 EL Paprikapulver (edelsüß)
200 ml Öl
½ l Rindsuppe oder Wasser mit Suppenwürze
1–2 EL Tomatenmark
3–4 Knoblauchzehen, gepresst
Majoran
Kümmel (ganz)
Essig
7 Wacholderbeeren
4 Lorbeerblätter

Das Fleisch in ca. 3 bis 4 cm große Würfel schneiden (oder gleich vom Metzger vorschneiden lassen). Die Zwiebeln feinblättrig schneiden und in einem großen Topf in heißem Öl goldgelb rösten. Das Paprikapulver dazugeben, kurz durchrühren und sofort mit etwas Wasser und einem Schuss Essig ablöschen. Röstet das Paprikapulver nämlich zu lange, besteht die Gefahr, dass das Gulasch bitter wird. Danach mit einem halben Liter Rindsuppe oder Wasser und etwas Suppenwürze aufgießen und die Zwiebeln weich dünsten. Währenddessen die roten Paprikaschoten entstielen, entkernen, in kleine Stücke schneiden und mit dem Stabmixer pürieren. Das Paprikamus sowie die Fleischwürfel, den gepressten Knoblauch und die übrigen Gewürze in den Topf geben und halb zugedeckt ca. 3 bis 4 Stunden leicht köchelnd weich dünsten. Bei Bedarf etwas Flüssigkeit zugießen.

Sollte das Gulasch zu dünnflüssig sein, kann es mit ein wenig glattem Mehl gebunden werden. Dazu in einer Tasse etwas Gulaschsaft mit einem Esslöffel Mehl versprudeln und in das Gulasch einrühren.
Um aus dem Wiener Saftgulasch ein Fiakergulasch zu machen, krönen Sie jede Portion Gulasch mit einem Spiegelei und einem fächrig geschnittenen Essiggurkerl. Dazu gehört meistens auch noch ein sogenannter »Einspänner«, ein einzelnes kleines Frankfurter Würstel, das an beiden Enden kreuzförmig eingeschnitten und gegrillt wird.
Das klassische Fiakergulasch wird entweder nur mit einer Semmel als Beilage serviert oder auch mit Salzerdäpfeln, Servietten- oder Semmelknödel.

Das wasserblaue Wien

Von Inseln in der Donau, Schwimm- und Tanzpalästen, Strombädern und Überschwemmungen, Transdanubien und der Riviera an der Donau und von zwei Bädern namens »Krapfenwaldl« und »Gänsehäufel«.

An heißen Sommertagen ist der Himmel über Wien von einem fahlen, beinah milchig weißen Blau. Zwischen den vierstöckigen Gründerzeithäusern der Innenstadt staut sich die Hitze und steht zwischen den dicken Mauern wie in einem Backofen. Die Menschen gehen auf den Schattenseiten der Straßen. Abseits der touristischen Pfade wirkt die Stadt still, leer und wie versteinert. An solchen Tagen täuschen viele im Büro das vor, was – zumindest hierzulande – so sympathisch wie vage ein »Tagesrandtermin« genannt wird, und stehlen sich mitten am Nachmittag aufatmend ins Schwimmbad davon. In dieser Stadt ist überall gleich ums nächste Eck ein Schwimmbad, ein Freibad, ein Strandbad oder ein Strombad. Hier ist das Schwimmen, vielmehr noch das »Baden gehen«, traditionell eine Massenbewegung. Das liegt daran, dass es in Wien so viele Möglichkeiten zum Baden gibt – angefangen mit der Donau selbst.
An einem solchen heißen Sommertag sprangen meine Freundin Berna und ich in die U1 und fuhren bis zur Station Kaisermühlen. »Kaisermühlen Blues«, so hieß in den 1990er Jahren eine ungemein erfolgreiche österreichische Fernsehserie. Sie handelte von einem Mikrokosmos des Ur-Wienertums, nämlich von den Bewohnern eines Gemeindebaus in Kaisermühlen, einem Teil des 22. Wiener Gemeindebezirks. Den 21. und 22. Bezirk – Floridsdorf und Donaustadt – nennt

man in Wien Transdanubien, und es herrscht Einigkeit darüber, dass es sich bei diesen Stadtteilen jenseits der Donau Richtung Osten um eine andere Welt handelt; genauer gesagt: um einen anderen Kosmos. Wirft man nämlich einen Blick auf den Stadtplan, überrascht es einen jedes Mal aufs Neue, dass Transdanubien, obwohl es nur zwei Bezirke umfasst, flächenmäßig fast genauso groß ist wie der Rest von Wien.

Jemand, der die Stadt zum ersten Mal sieht, vielleicht von oben aus einem Flugzeug, könnte auf die Idee kommen, dass hier das eigentliche Stadtzentrum liegt. Denn auf der sogenannten Donauplatte zwischen UNO-City und Neuer Donau sind in den letzten eineinhalb Jahrzehnten eine Reihe von Hochhaustürmen gebaut worden. Wien hat dadurch – abseits seines tatsächlichen Zentrums – eine fast amerikanisch anmutende Skyline direkt am Fluss bekommen. Die Donauinsel, die ab 1972 zum Hochwasserschutz aufgeschüttet wurde und den Fluss auf über 20 Kilometern Länge in zwei Hälfen – die eigentliche Donau und ihr Entlastungsgerinne Neue Donau – zerschneidet, ist das zu dieser Skyline passende städtische Naherholungsgebiet. Der amtliche Ausdruck »Naherholungsgebiet« passt zum ersten Eindruck, den man von der Donauinsel gewinnt. Flach, voll mit asphaltierten Wegen, Sportplätzen und Schnellimbissen mitsamt einer Ballermann-Vergnügungsstrandmeile namens »Copa Cagrana«. Diese pittoreske Bezeichnung ist eine kühne Melange aus Copa Cabana und dem Namen des Wiener Stadtteils Kagran, an dem sie liegt. An Schönheit steht die »Copa Cagrana« ihrem brasilianischen Vorbild wohl deutlich nach, was hingegen sommerliches Menschenaufkommen, Getränkekonsum und Übermut anlangt, gewiss nicht. Allerdings: Für diese Open-Air-Bierzeltstimmung muss man geschaffen sein.

Die wirklich schönen Seiten der Donauinsel entdeckt man erst bei näherem Hinsehen: die Minibuchten, in denen man

unbeobachtet nackt ins Wasser springen kann, die weiten Wiesen, die sich im Frühsommer für kurze Zeit in hohe Blumenteppiche verwandeln, die Baumgruppen, unter denen sich türkische Großfamilien am Wochenende zu Grill-Picknicks einfinden, die großen offenen Flächen, die für so gut wie alles genug Platz bieten – von Drachensteigen bis Thai-Chi, von Rollschuhfahren bis Fussball, von Badminton bis Frisbee. Und dann ist da noch die schiere Länge der Insel, auf der man sich so richtig auslaufen und ausradeln kann – wenn man will, von einem Ende der Stadt zum anderen.
Die Donauinsel ist quasi das, was vor Transdanubien und seinen Hochhäusern liegt. Doch neben dem Wolkenkratzer-Transdanubien gibt es noch ein ganz anderes. Eine chinesische Ärztin, die im 22. Bezirk ihre Ordination hat, erklärte mir einmal, es sei die einzige Wohngegend in Wien, die für sie in Frage käme. Warum?, fragte ich. Hier könne man gut atmen, antwortete sie, die Häuser seien niedriger, man sehe weniger alte Leute und viel mehr Kinder, und die Alte Donau liege gleich ums Eck. Auch das ist richtig. Weit erstrecken sich hier Straßenzüge, die von nur ein- oder zweistöckigen Häusern gesäumt sind, und jedes Jahr schießen weitere Neubausiedlungen oder Reihenhausanlagen mit kleinen Gärten aus dem Boden. Nicht alles gemahnt einen ständig an eine jahrtausendealte, in Stein gemeißelte Geschichte. Viele mögen das.

Für Außenstehende ist das alles wahrscheinlich ein bisschen verwirrend: Alte Donau, Neue Donau, Donaukanal und eigentliche Donau. Es hilft, wenn man weiß, dass die Donau im Wiener Becken über Jahrhunderte ein Fluss mit zahlreichen Nebenarmen war. Regelmäßig wurden nach starken Regenfällen oder zur Zeit der Eisschmelze ganze Stadtteile überschwemmt. Die Einwohnerzahl wuchs, eine Regulierung der Donau wurde immer dringlicher – auch im Hinblick auf die neue industrielle Donauschifffahrt. In den Jahren 1870 bis 1875 nahm man das Großprojekt schließlich in Angriff. Unter enormem technischem Aufwand wurde zwischen Nussdorf am nördlichen und Albern am südöstlichen Stadtrand ein neuer Nebenarm gegraben. Er bekam den Namen Donaukanal und ist das, was viele Wien-Neulinge fälschlich für die Donau halten, weil er – im Gegensatz zur Donau selbst – an der Innenstadt vorbeiführt. Dort, am Donaukanal, auf Höhe des Schwedenplatzes, liegt seit 2006 das »Badeschiff Wien« vor Anker. Es greift – in modernem Gewand – die alte Wiener Tradition der Strombäder wieder auf. Diese waren schwimmende Holzkonstruktionen, in deren Mitte sich ins Flusswasser abgehängte Badekörbe befanden. Dort konnte man, vor dem Risiko des Abgetriebenwerdens geschützt, ein erfrischendes Bad in der Strömung nehmen. Das »Badeschiff Wien« funktioniert anders: Es ist ein umgebautes Frachtschiff mit Restaurant, einer hochgelegenen Sonnenterrasse und einem richtigen Schwimmbecken über dem Wasser des Donaukanals. Es ist die urbanste Variante des »Gemma baden!«: buchstäblich mitten in Wien. Doch zurück zur Regulierung der Donau im 19. Jahrhundert: Zur weiteren Zähmung des Flusses wurde damals eine ganze Reihe von Hafenanlagen, Wehren und Schleusen errichtet, deren schönste sicher die von Otto Wagner erbaute Nussdorfer Schleuse mit ihrer eleganten Jugendstilarchitektur und ihren imposanten, auf hohen Podesten Wache haltenden Löwen ist. Diese Schleuse reguliert den Wasserzufluss in den Donaukanal. Gleichzeitig wurde der Lauf der eigentlichen Donau im Dienste der Schifffahrt begradigt. Dadurch entstanden einige tote Wasserarme wie das Heustadelwasser im Prater oder die Alte Donau, die bogenförmig entlang des 21. und 22. Bezirks verläuft.

Genau dorthin, zur Alten Donau, wollten wir, als wir an diesem heißen Sommertag an der U1-Station Kaisermühlen ausstiegen. Unser Ziel war das Gänsehäufel. In einem berühmten Lied des Austro-Popsängers Reinhard Fendrich aus dem Jahr 1981 heißt es »I steh aufs Gänsehäufel, auf Italien pfeif' i«. Das mag als Hinweis auf das Selbstbewusstsein dienen, das habituelle Gänsehäufel-Besucher auszeichnet. Hier regiert ein alteingesessener, proletarischer Badekabinen-Adel, der mitunter seit Jahrzehnten den gesamten Sommer Tag für Tag im Gänsehäufel verbringt. Brathenderlbraun und selbstbewusst die Hände in die feisten Seiten gestemmt, sind sie die von keinerlei Selbstzweifel angekränkelten Kommentatoren des Badegeschehens – und vor allem die Ahnder von anderer Leute Schwimmbad-Fehlverhalten. Machen Sie die Probe aufs Exempel und lassen Sie einmal – nur so zum Spaß – die Verpackung eines Schleckeises nicht in die dafür vorgesehene Mülltonne, sondern auf die Liegewiese fallen! Irgendein Argusauge wird Sie dabei beobachten und sofort ungebremst zu Ihrer verbalen Bestrafung heraneilen. Die Tirade, die auf Sie niederprasseln wird, könnte übrigens durchaus mit einem unfreundlichen »Hearst, Deppater …« beginnen. Also wappnen Sie sich!

Das Bad feierte 2007 sein Hundertjahrjubiläum. Schon davor, im Jahr 1900, hatte ein Mann namens Florian Berndl einen Teil des späteren Gänsehäufels gepachtet, um hier Edelweiden zu züchten. Außerdem propagierte er eine neue Form naturnahen Lebens, die rasch Anhänger fand. Sie frönten dem Sonnenbaden und so sündigen Dingen wie dem gemeinsamen Nacktbaden von Männern und Frauen. Angesichts dieser Brüskierung der guten Sitten verlor Berndl alsbald seinen Pachtvertrag, die Stadt Wien übernahm und eröffnete 1907 das »Strandbad der Commune Wien am Gänsehäufel«. Der seltsame Name des Bads erinnert an die angeschwemmten Inseln, die sogenannten »Haufen«, auf denen früher Gänse gezüchtet wurden.

Tatsächlich erreicht man das Gänsehäufel nur über eine

Brücke. An Spitzentagen kommen bis zu 30000 Menschen hierher. Das klingt nach verzweifelter Überfüllung, aber das Bad ist so groß, dass sich doch immer irgendwo ein Platz findet, an dem man unter lichten Pappeln oder Weiden liegen und in Ruhe den Blättern beim Rauschen zuhören kann. Die Architektur des Bads mit ihren Tausenden Kabinen und Kästchenreihen, den überdachten, offenen Gängen aus Beton und dem hohen Uhrturm, auf den sich eine Wendeltreppe hinauf windet, stammt aus den 1950er Jahren, weil das Bad – bis auf die Brücke – während des Zweiten Weltkriegs vollkommen zerstört wurde.

Berna und ich suchten uns ein Plätzchen nahe dem Ufer und stürzten uns ins Wasser. An der Alten Donau hat man immer ein bisschen das Gefühl, gar nicht in einer Binnenstadt, sondern irgendwo an einem breiten Kanal zu sein, der gleich um die nächste Biegung ins Meer mündet. Der Himmel ist weit, fast immer ist es angenehm windig, Möwen kreischen, auf dem Wasser ziehen die weißen Segel kleiner Segelboote hin und her, von überall hört man Rufen, Kreischen, Platschen oder Lachen. Rundum stehen die Häuser direkt ans Wasser gebaut. Stege auf dicken Pfählen führen ins Wasser. Wir schwammen eine Weile nebeneinander, und ich erzählte Berna von einem Freund namens Martin, der hier im Winter einmal seinen neuen Anorak ruiniert hatte. Der Tag war eisig und die Alte Donau zugefroren. Es war ein Vormittag unter der Woche und weit und breit kein Mensch zu sehen. Mit den Fußspitzen prüften Martin und der Studienkollege, mit dem er unterwegs war, von einer Stegleiter aus die Eisdicke, befanden sie für tragfähig und gingen aufs Eis. Als sie sich erst schlurfend und schließlich zunehmend selbstbewusster gerade einmal ein paar Meter vom Steg entfernt hatten, begann das Eis unter Martins Füßen zu knacken, zu springen und aufzubrechen. In letzter Sekunde, als seine Beine schon bis über die Knöchel im Wasser waren, warf er sich mit einem kühnen Hechtsprung in Richtung eines lose aus dem Wasser ragenden Holzpfahls. Er erreichte den Pfahl, umfasste ihn panisch mit beiden Armen und rutschte – in seinem neuen orangefarbenen Anorak – in Zeitlupe den schwarzen, schmierigen Pfahl, den er immer noch umarmt hielt, hinunter ins Wasser der Alten Donau. »Er wurde doch hoffentlich gleich herausgezogen?«, fragte Berna, die gerade schwimmend einem Schlauchboot auswich. »Ja, aber der neue Anorak war natürlich komplett hinüber«, antwortete ich.

In diesem Sommer gab es die Sophiensäle im 3. Bezirk noch, wohin meine Freunde und ich manchmal spätabends in die Disco gingen. Die Lokalität war riesig. So richtig zu sehen bekam man sie nie, weil es immer bummvoll und dunkel war. Von überall blitzten farbige Scheinwerferlichter, den Rest besorgte der Zigarettenrauch. Erst viel später wurde mir klar, dass die Sophiensäle, die dann 2001 einem verheerenden Brand zum Opfer fielen, ein Relikt der mondänen bürgerlichen Badekultur des 19. Jahrhunderts waren, nämlich des Sophienbads. Gemeinsam mit dem Dianabad repräsentierte das Sophienbad ein absolutes Wiener Spezifikum: überdachte, luxuriös ausgestattete Schwimmhallen, in denen im Sommer gebadet und im Winter auf Bällen getanzt wurde. So kommt es auch, dass die Uraufführung von Johann Strauß' »Donauwalzer« im Februar 1867 ausgerechnet im großen Saal des Dianabads stattfand.

Parallel dazu entwickelten sich in Wien aber auch die Volksbäder, die in erster Linie der Körperreinigung dienten. Die Wohnungen der Arbeiterschaft besaßen damals keine Badezimmer. Darum hatten auch noch Mitte der 1950er Jahre die sogenannten »Tröpferlbäder«, in denen das Duschwasser bei großem Andrang mitunter nur sehr sparsam floss, über vier Millionen Besucher jährlich.

1919 war Wien zur ersten sozialdemokratisch verwalteten Stadt der Welt geworden. Das Rote Wien verband den Hygienegedanken bald mit dem der körperlichen Ertüchtigung

und gründete eine Vielzahl an städtischen Bädern, von denen manche – wie das wunderbar renovierte Amalienbad in Favoriten aus den 1920er Jahren – zu gigantischen, beeindruckenden Monumenten einer selbstbewussten Arbeiterschaft gerieten.
Von nichts als Heiterkeit kündet hingegen ein Sommerbad wie das Krapfenwaldl im 19. Bezirk. Es liegt fast schon im Wienerwald, auf einem Hügel zwischen dem Kahlenberg und Grinzing. Berühmt ist es für zwei Dinge: für die nahtlos gebräunte, auch noch im Bikini bis zum kleinsten Fingernagel durchgestylte Schickimicki-Szene, die sich am Rand des oberen Schwimmbeckens ein tägliches Stelldichein gibt. Man kann sie getrost ignorieren und still bei sich denken, dass angesichts dieser orangebraun getönten Fitness-Center-Muskelmassen überdeutlich klar wird, warum ein Solarium auf Wienerisch auch »Prolo-Toaster« genannt wird. Das zweite, wofür das Krapfenwaldlbad legendär ist und warum sich ein Besuch wirklich jederzeit lohnt, ist sein Blick über Wien. Angesichts dieser Perspektive bleibt einem jedes Mal aufs Neue die Luft weg. Die ganze Stadt liegt einem zu Füßen und auch noch die Hügel und Landstriche rundherum. Man fühlt sich wie vor einer riesigen Freilichtleinwand, die man betrachtet, während man auf einem Handtuch oder auf einer der Holzpritschen ausgestreckt den Bauch in die Sonne hält. Das Krapfenwaldl liegt in einem lichten Föhrenwäldchen, was ihm eine starke mediterrane Atmosphäre verleiht und es besitzt ein Eingangsgebäude, in dem saalartige Räume mit Reihen von schönen, fast hundert Jahre alten Holzkabinen einen eintauchen lassen in etwas, das sich anfühlt wie die gute alte Zeit. Staubkörnchen tanzen in einzelnen, schräg einfallenden Sonnenstrahlen. Das alte Holz knarrt und duftet harzig, und obwohl es herinnen ruhig ist, hört man von weitem schon das Badeleben, in das man gleich hinaustreten wird.
Kaum ein Dutzend Kilometer donauaufwärts liegt Kritzen-

dorf. Obwohl Kritzendorf schon zu Niederösterreich gehört, ist es seit langem ein ganz fester Bestandteil der Wiener Badekultur und muss deswegen hier erwähnt werden. *Riviera an der Donau* lautet der Titel eines Buches der Wiener Historikerin Lisa Fischer über das berühmte »Strombad Kritzendorf«, das in den 1920er Jahren seine Hochblüte als Sommerfrischeort der Wiener Boheme und Kunstszene und des Wiener Kleinbürgertums erlebte. »Krize-les-bains« nannte man die fidele Sommergesellschaft, die sich dort Jahr für Jahr am Donauufer einfand, sich in den unberührten Auwäldern zu geheimen Stelldicheins traf, in der Donau schwamm, in den umliegenden Heurigen »Ribiselwein« trank und aus ihren Villen, Häusern und Stelzen-Strandhütten kommend schichtübergreifend miteinander den Sommer verplauderte. Es ging dort in vielerlei Hinsicht freimütiger und entspannter zu als in Wien, und man musste nicht – wie Lisa Fischer schreibt – »vor der Kassa heiraten«, wenn man als Mann und Frau gemeinsam das Bad betreten wollte.

Der Nationalsozialismus setzte der Idylle an der Donau ein abruptes Ende: Im Mai 1938 machten die Nürnberger Rassengesetze 80 Prozent der Kritzendorfer Haus- und Villenbesitzer, die jüdisch waren, zu Freiwild und Bürgern zweiter Klasse. Sie wurden enteignet. Die »arisierten« Häuser gingen an Parteigenossen, das liberale Modebad der 20er und 30er Jahre wurde zum Nazibad. Doch bereits unmittelbar nach Kriegsende 1945 flammte wieder etwas vom alten Geist der Sommerkolonie auf, als der zum provisorischen Bürgermeister von Kritzendorf ernannte Sozialdemokrat Hans Reif die nationalsozialistischen Bewohner seinerseits enteignete. Er nannte es »Rückarisierung« und vergab die Häuser stattdessen an Opfer des Nationalsozialismus, die sie treuhändisch verwalten sollten, bis sie an die rechtmäßigen jüdischen Besitzer zurückgestellt werden würden. Ein derart konsequenter (und erfolgreicher) Schulterschluss mit

den Opfern des Nationalsozialismus war im Nachkriegsösterreich die absolute Ausnahme.
In den letzten Jahren ist Kritzendorf wieder sehr in Mode gekommen. Ich kenne eine ganze Reihe von Leuten, die sich eines der alten Stelzenhäuschen in Ufernähe gekauft oder gemietet haben und ihre Wochenenden dort verbringen. Früher gab es hier Badekörbe fürs sichere Schwimmen, heute stapft man ein paar hundert Meter donauaufwärts durch den sandigen Auwald, wirft sich ins kalte Wasser und lässt sich bis zur großen Liegewiese herunter treiben. Am Ufer liegen Tausende flache Steine, die sich hervorragend dazu eignen, sie über die Wasseroberfläche springen zu lassen. Auf dem Fluss selbst ziehen langsam große Lastkähne und Transportschiffe vorbei, von denen man sich vorstellt, wie sie womöglich bis zu Donaumündung im Schwarzen Meer weiterfahren.

Drei Rezepte für ideale kulinarische Ausflugsbegleiter: »Saure Wurst«, »Maurerforelle« und »Faschierte Laberln« lassen sich gut mitnehmen ins Schwimmbad, zum Picknick oder ins Grüne.

Saure Wurst

Zutaten für 4 Personen:
4 Knacker
2 mittelgroße Zwiebeln
Weißweinessig
Sonnenblumenöl
Salz
Pfeffer

Die Knacker enthäuten und in dünne Scheiben schneiden. Vier Teller mit den Wurstscheiben belegen. Darüber kommen hauchdünn geschnittene Zwiebelringe. Für die Marinade: Zwei Teile Öl, ein Teil Essig und etwas Wasser mit Salz und Pfeffer gut verrühren und über die Wurst gießen. Als zusätzliche Garnierung eignen sich Paprikastreifen, hart gekochte Eier oder Paradeiser. Soll die Saure Wurst als Jause mit ins Schwimmbad, gibt man einfach alle Zutaten mitsamt Marinade in eine große, gut verschließbare Dose.
In Wien erhielt die Knacker als »Fisch-Ersatz« für den armen Mann in einer ihrer zahllosen Varianten den euphemistischen Beinamen **»Maurerforelle«**: Für die klassische Maurerforelle ist nicht mehr nötig als eine enthäutete Knacker, die der Länge nach halbiert wird. Auf die Schnittfläche streut man fein gehackte Zwiebeln, salzt und pfeffert und klappt die Knacker wie ein belegtes Brot zu. Gegessen wird diese Köstlichkeit, die sich für die Baustellenpause ebenso eignet wie für die Schwimmbad- oder Wanderjause, mit Senf und Brot oder Semmel.

Faschierte Laberln

Zutaten für 4 Personen:

750 g gemischtes Faschiertes (vom Rind und vom Schwein)
100 g Semmelbrösel (für die Masse)
1 große Zwiebel, fein gehackt
2 Eier
1 Dotter
2 gepresste Knoblauchzehen
Majoran
Salz
Pfeffer
1 kleines Bund gehackte Petersilie
Butterschmalz oder Öl
etwas Semmelbrösel zum Wenden der Laibchen

Die fein gehackte Zwiebel in Butterschmalz anrösten und auskühlen lassen. Nun das Faschierte mit allen Zutaten gut vermischen. Aus der Masse Laibchen formen und diese in Semmelbrösel wenden. In einer Pfanne etwas Fett erhitzen und die Laibchen beidseitig braun braten. Je nach Größe der »Laberln« dauert das zwischen 5 und 10 Minuten.
Die faschierten Laberln schmecken sowohl warm als auch kalt. Werden sie warm serviert, ist die ideale Beilage Erdäpfelpüree. Kalte faschierte Laberln schmecken am besten mit Senf und Brot und lassen sich hervorragend als Jause für Zwischendurch auf Ausflüge oder ins Schwimmbad mitnehmen.

Das grasgrüne Wien

Von Spaziergängen im Wienerwald und Aufstiegen auf den Leopoldsberg, von Panoramablicken über die Stadt, Weingärten, alten Heurigen, Pfingstrosen im Burggarten und einer Parasol-Hysterie »am Himmel«, die dem wanderlustigen Sigmund Freud gefallen hätte.

Sigmund Freud hätte seine Freude mit uns gehabt. An diesem warmen Spätsommertag Anfang September boten wir dem Vater der Psychoanalyse ein Lehrstück in Sachen Hysterie. Wenn man so will, befand er sich dabei ganz in unserer Nähe. Aus seiner Wohnung in der Berggasse 19 kommend, wo man im dort untergebrachten Museum zwar nicht seine berühmte Couch, wohl aber seinen Spazierstock, Hut und Mantel bestaunen kann, pflegte Freud nämlich an den Wochenenden zu ausgiebigen Wanderungen in den Wienerwald aufzubrechen. Auf der Bellevue-Höhe oberhalb von Sievering im 19. Bezirk, wo er gerne spazieren ging, steht heute ein wenig bekanntes Denkmal – ein Stein mit einem Auszug aus einem Brief, den Freud dort geschrieben hat: »Brief an Wilhelm Fliess, Bellevue, 12. Juni 1900 – Denkst Du, dass eines Tages eine Marmortafel diese Worte tragen wird: In diesem Haus enthüllte sich am 24. Juli 1895 dem Dr. Sigmund Freud das Geheimnis des Traumes? Im Augenblick sehe ich wenig Anlass dazu.« Aus der Perspektive des Jahres 1900 betrachtet, ließ Freuds Anerkennung tatsächlich noch ein wenig auf sich warten. Die *Traumdeutung* hatte er damals allerdings schon veröffentlicht und auch seine Hysteriestudien. Um Hysterie ging es auch an diesem Tag. Wir feierten unweit der Bellevue-Höhe im Restaurant »Oktogon am Himmel« ein Fest. Der Name ist nicht schlecht gewählt. Es ist eine dieser weiten, hügeligen, von Wald umgebenen Wienerwaldwiesen, von denen aus man von hoch oben einen gigantischen Blick über die Stadt und das Wiener Becken hat. Im Wienerwald entlang der Höhenstraße gibt es davon eine ganze Menge, und jeder, den ich kenne, hat seinen Lieblingsausblick: Die einen schauen am liebsten vom Kahlenberg, die anderen vom Cobenzl, wieder andere vom Leopoldsberg oder eben vom »Himmel«.

Rund ums »Oktogon am Himmel« wuselte es jedenfalls von Ausflüglergrüppchen, am nahen Spielplatz tobten die Kinder. Ich verließ die Festgesellschaft, um einen kleinen Spaziergang in den Wald zu machen. Julian, der zehnjährige Sohn meiner Freundin Lydia, begleitete mich. Wir gingen am Waldrand entlang, tauchten durch Stauden und Strauchhecken hinein in die hohen Buchensäulenhallen des Wienerwalds und folgten einem kleinen Pfad in Richtung zur Sisi-Kapelle, die versteckt auf einer kleinen Lichtung liegt. Das neogotische Kirchlein wurde anlässlich der Hochzeit des Kaiserpaares Elisabeth und Franz Joseph im April 1854 in Auftrag gegeben und zwei Jahre später eingeweiht. Viele Jahrzehnte lag die Sisi-Kapelle vergessen, verfallen und in romantischer Melancholie im Wald. Vor ein paar Jahren wurde sie renoviert und strahlt jetzt schneeweiß aus dem lichten Grün, das sie umgibt.

Der Wald leuchtete hell und golden an diesem Nachmittag. Die Blätter der Buchen hatten noch nicht begonnen, sich zu verfärben, doch das Licht war schon von herbstlicher Klarheit und in der Luft lag ein leiser kühler Unterton. Auf dem Rückweg stolperten wir buchstäblich über den großen Schirm eines Pilzes. »Ein Parasol«, rief ich. »Und dort noch einer«, rief Julian. Vom Sammelfieber gepackt, schwärmten wir aus und hatten innerhalb einer halben Stunde gut zwei Dutzend schönster Parasole gesammelt. Wir knüpften aus unseren Jacken große Säcke, legten die

Pilze vorsichtig hinein und trugen unsere Beute zurück zur Festgesellschaft.
Noch für denselben Abend wurde ein Pilzessen anberaumt, das auf Lydias Dachterrasse im zweiten Bezirk stattfand. Von dort sieht man abends auf das beleuchtete Riesenrad im Prater, der gleich in der Nähe liegt. Wir aßen unsere in Butter gebratenen Parasole. Wir schauten aufs Riesenrad und sprachen über das Pratermuseum. Schnell hatten wir uns geeinigt, dass es unter den kleinen, feinen Museen Wiens eins der feinsten ist. Es erzählt vom Park und den Auen des Praters, aber auch vom historischen Wurstelprater mit seiner Schaustellerei, seinen Ringelspielen und seinen makabren Menschenschauen. Eine dieser menschlichen Attraktionen waren Haarmenschen wie »Lionel, der Löwenmensch« oder »Jojo, der Pudelmensch«. »Im Pratermuseum hängt auch ein Bild von Miss Julia Pastrana, der Bartdame, in einem rosa Ballettkleidchen und mit üppigem Vollbart«, berichtete Lydia, »sie war zu ihrer Zeit eine Weltberühmtheit und hatte ein trauriges Schicksal. Sie starb bei der Totgeburt ihres Kindes, das ebenfalls enorm behaart war. Ihr Mann und Impresario – das muss man sich einmal vorstellen! – sah im wahrsten Sinn des Wortes seine Felle davonschwimmen und ließ seine tote Frau und sein totes Kind einbalsamieren. Gegen Eintritt stellte er sie weiter aus. Als sie schließlich zu faulen begannen, ließ er sie ausstopfen und verkaufte sie ans Präuer'sche Panopticum im Prater, wo sie bis 1884 zu sehen waren.«
Wir hatten während der Erzählung nicht auf Julian geachtet. Der Bub war blass geworden, die zweite Portion Pilze auf seinem Teller rührte er nicht mehr an. Dann ging es los. »Kann man Parasole eigentlich mit irgendwas verwechseln?«, fragte er vorsichtig. Kurz danach fragte mich seine Mutter: »Nicht, dass ich mir unsicher wäre, aber hast du dir jeden Parasol, den Julian gepflückt hat, auch genau angeschaut?« – »Ich weiß, wie Parasole aussehen, keine Sorge«,

sagte ich überzeugt. Gleich darauf meinte Mia, einer ihrer Pilze sei ihr jetzt im Nachhinein ein wenig bitter vorgekommen. Fünf Minuten später stand Lydia auf und rief die Vergiftungszentrale an. »Nur zur Information«, meinte sie. Dort ließ man sie wissen, ihr Sohn mache sich durchaus zu Recht Sorgen. Im Durchschnitt fände sich unter zwei Dutzend gesammelter Parasole nicht selten auch ein Knollenblätterpilz. Die ersten Vergiftungserscheinungen würden sich aber frühestens nach zwölf Stunden zeigen. Der Abend war gelaufen. Es half nichts, dass Adi anbot, zur Auflockerung einen passenden Georg-Kreisler-Klassiker anzustimmen: »Jeder Bursch und sein Mäderl/ sitzen heute im grünen Klee – Schatz, ich hab' eine Idee:/ Schau, die Sonne ist warm und die Lüfte sind lau!/ Gemma Tauben vergiften im Park!/ Die Bäume sind grün und der Himmel ist blau!/ Gemma Taubenvergiften im Park!« Langsam kroch auch mir die Gruppenhysterie in die Glieder. Im Unterschied zu den anderen hatte ich schon einmal eine Pilzvergiftung gehabt. Die zwei Tage, die ich nach dem Genuss eines Speitäublings, den meine Mutter für einen Speisetäubling gehalten hatte, im Krankenhaus verbracht habe, gehören nicht zu den schönsten Erinnerungen meines Lebens. In der Nacht nach dem Parasolessen wälzte ich mich schlaflos im Bett. O Gott, womöglich hatte ich doch meinen engsten Freundeskreis vergiftet – und ein Kind dazu! Ich war mir plötzlich nicht mehr hundertprozentig sicher. Und dann passierte das, was nach der allgemeinen Hysterie am unwahrscheinlichsten geworden war: nichts! Das Einzige, was tags darauf kam, waren Anrufe meiner verlegen kichernden Freunde. »Schwamm drüber«, sagte ich. Und zu dem hölzernen Sigmund-Freud-Hampelmann, der an meinem Fenster hängt: »Danke für die Lehrstunde«. Ich zog an der Schnur. Der Freud-Hampelmann ließ spöttisch Arme und Beine in die Luft schnellen.

Es war Zeit für etwas Ablenkung. Und wie so oft, wenn mir der Sinn nach Entspannung steht, machte ich einen Spaziergang auf den »Poldiberg«. Poldiberg ist ein privatsprachlicher Kosename für den Leopoldsberg, der am äußersten Wienerwaldrand oberhalb der Donau vor Klosterneuburg liegt. Er gehört zum Standardrepertoire der Wienerwald-Spazierziele. Begeht man ihn allerdings vom sogenannten Kahlenbergerdörfl aus, das am Fuße seiner östlichen Flanke liegt, hat man den Aufstieg durch die Weingärten und durch den Buchenwald oft ganz für sich allein, weil es von dort aus ziemlich steil hinaufgeht. Im Kahlenbergerdörfl, in dem es ein paar schöne Hauser aus dem 18. Jahrhundert gibt und eine winzige, steile Stiegengasse, die den wunderbaren Namen »Hirnbrecherstiege« trägt, steht auch eine Linde, die an Franz Schubert erinnert. Sie wurde 1997 gepflanzt: »In Erinnerung an die 200. Wiederkehr des Geburtstages von Franz Schubert am 31. Jänner 1797 und die Uraufführung des Liedes ›Leise flehen meine Lieder …‹ am 8. August 1828 im Kahlenbergerdorf vor dem Haus Zwillinggasse 1.« Es ist schon erhebend zu wissen, dass dieses Lied zum allerersten Mal hier gespielt wurde.

Auf halbem Weg hinauf auf den Leopoldsberg liegt mitten in den Weinbergen ein kleiner Heuriger mit grünen Biergartentischen und -bänken. Dort soll man getrost einkehren und im Garten sitzend um sich blicken. Die Heurigenkultur in Wien ist eine seltsame Sache: Es gibt sie in ihrer organisierten Touristen-Massenabfertigungsform in Riesen-Heurigen mit viel Tamtam und Klischee. Und es gibt sie in ihrer ganz alltäglichen, selbstverständlichen, von allen genutzten Form. Das »Gemma zum Heurigen« gehört hier wirklich zum Normalsten auf der Welt. Man muss sich nur einen winzigen Schritt abseits der Grinzinger Touristenpfade halten, und schon sitzt man entspannt und ohne große Menschenaufläufe inmitten der bezauberndsten Innenhöfe und Weingärten. Nichts gegen Grinzing, aber den Menschenmassen, die täglich dorthin gekarrt werden, damit sie dem jungen Wiener Wein zusprechen, sich am Heurigenbuffet anstellen und sich womöglich auch noch von Heurigen-Schrammelmusik andüdeln lassen, kann man wirklich ganz leicht entkommen. Es gibt da zum Beispiel den Heurigen Zawodsky unweit der Kaasgrabenkirche im 19. Bezirk. Er ist einer der schönsten Heurigen überhaupt. Das liegt sicher nicht am Haus selbst, das ein recht herzlos aussehender Neubaukasten ist, sondern am Garten. Beim Zawodsky, der ausschließlich Weine aus Eigenbau serviert, stehen die Tische buchstäblich mitten im Weingarten. Einige stehen auch unter alten Obstbäumen. Besser geht's eigentlich nicht. Und er hat ein sehr gutes, ideal klassisches Wiener Heurigen-Buffet, mit Traditionsgerichten wie Kümmel- und Schweinsbraten über scharfen und milden Liptaueraufstrich und Bratlfettbrote bis hin zu Apfelstrudel.

Es gehört zu den Vorzügen Wiens, dass man immer ganz leicht hinaus kann ins Grüne. Das Grüne ist nie weit. Das liegt an den Weinbergen am Stadtrand, die Wien – so sagt man – zur Stadt mit dem weltweit größten Flächenanteil an Weingärten machen. Das liegt am Wienerwald, am Prater, dessen Hauptallee die Hauptlaufstrecke der ganzen Stadt ist, an der Donauinsel und schließlich an den vielen Parks und Gärten. In ihnen zeigt sich das imperiale Erbe der Stadt auf die angenehmste Weise. Nehmen wir zum Beispiel den Burggarten, der ein 38000 Quadratmeter großes Gebiet zwischen Ringstraße, Hofburg und Albertina umfasst. Ein zeitgenössischer Chronist schilderte den – nunmehr ehemaligen – Privatgarten des Kaiserhauses im Jahr 1824 so: »An der Seite, wo der Pallast (...) sich befindet, prangt herrlich der Kaisergarten. Gewächse und Bäume des Inlandes und aus weiter Ferne geholt, werden da gepflegt, und ihr mannigfaltiges Grün schmeichelt dem Organe des Gesichts, und die Lüfte tragen den Duft der Blumen und Kräuter weit umher.« Der Burggarten ist ein englischer Landschaftspark im Kleinen, in dem sich modellierte Wiesenflächen und kleine Baum- und Strauchgruppen um einen in einer zentralen Senke liegenden Teich gruppieren. Betritt man ihn vom Ring her, stößt man sogleich auf ein Mozart-Denkmal, das meistens von knipsenden Menschen belagert wird. Auf der Wiese davor blüht im Frühjahr und Sommer ein aus gelben oder roten Stiefmütterchen gefügter Riesen-Notenschlüssel. Darum beneiden uns die Salzburger sicher brennend!

Viel interessanter sind da schon andere Blüten, die der Burggarten zu bieten hat. Auf einem Wiesenstück gleich rechts vom Ringstraßeneingang, wächst eine Gruppe jahrzehntealter chinesischer Strauchpfingstrosen. Sie blühen im Mai. Ihre dicken, kinderfaustgroßen, runden Knospen öffnen sich zu gewaltigen Blüten in allen Schattierungen von Weiß bis zu intensivem Pink und Rosa. In meiner Familie hat es Tradition, zur Blütezeit dorthin zu pilgern und staunend vor diesen Riesenblumen zu stehen. Die schönste Sorte trägt den Namen »Paeonia rockii«. Ihre Blüten sind weite, im Wind zitternde, filigrane Schalen aus rosa überhauchtem Weiß, in deren Mitte sich brombeerfarbene Basalflecken rund um die gelben Staubgefäße zu einem zentralen Stern fügen. Kaum jemand weiß, dass die »Paeonia rockii« ihren Namen einem aus Wien stammenden Forschungs- und Entdeckungsreisenden verdankt. Er hieß Josef Rock (1884–1962) und war ein rarer Vogel mit phänomenalem Gedächtnis, einer außergewöhnlichen Sprachbegabung und dem aufbrausenden, narzisstischen Temperament einer Primadonna. Unter seinem amerikanisierten Namen Joseph F. Rock kennen ihn Tropenbotaniker als Autor eines bis heute gültigen Standardwerks über die Flora Hawaiis. Später schrieb er Reisereportagen fürs »National Geographic Magazine«, die er in den 1920er Jahren aus China schickte. Als Sohn eines Kammerdieners des Grafen Potocki war er als Zaungast im luxuriösen Wiener Ringstraßen-Milieu aufgewachsen und hatte Zugang zur gräflichen Bibliothek. Die Schule interessierte ihn nicht, stattdessen brachte er sich selbst Chinesisch bei und trieb sich auf dem Naschmarkt herum, weil er sich von dem bunten, multikulturellen, vielsprachigen Milieu angezogen fühlte, das damals wie heute dort herrscht. Er wollte Entdecker werden. Mit 18 kehrte der Schulabbrecher Wien den Rücken, lebte lange auf Hawaii, wo er es – nicht zuletzt durch Vortäuschung eines nie erworbenen Doktortitels – zum Universitätsprofessor der Botanik brachte und ein riesiges Herbarium anlegte. Danach setzte er über nach China, dessen unzugängliche südwestliche Provinzen er die nächsten drei Jahrzehnte seines Lebens in tollkühnen und ungeheuer ergiebigen botanischen und geographischen Forschungsreisen durchstreifte. Stets begleiteten ihn dabei eine Faltbadewanne von Abercrombie & Fitch, ein Grammophon mit Opern-Schallplatten und ein einheimischer Koch, dem er beigebracht hatte, österreichische Speisen zuzubereiten. In manchen Teilen Chinas, erzählte mir einmal ein Historiker, kenne ihn bis heute jedes Kind, und Straßen und Plätze tragen seinen Namen. Verbürgt ist jedenfalls, dass über 120 Pflanzen seinen Namen tragen, entweder weil er sie entdeckt hat oder weil man sie nach ihm benannte. Fest steht auch, dass Josef Rock Tausende asiatische Pflanzen erstmals im Westen eingeführt hat.

Ein anderer besessener Sammler wirkte – deutlich früher – nicht sehr weit vom Burggarten entfernt im Schloss Belvedere: Prinz Eugen von Savoyen. Der berühmteste Feldherr des Hauses Österreich und siegreiche Bezwinger der Türken schickte Unterhändler aus, die ihm von überall her Interessantes zutrugen. Er war ein typisches Kind seiner vom Sammelfieber befallenen Epoche der riesigen Kunst- und Wunderkammern. Dem kunstbeflissenen Prinzen verdanken wir auch den Park des Schlosses Belvedere, der eine der bedeutendsten barocken Gartenanlagen Europas ist. Gebaut wurde er à la mode. Ende des 17. Jahrhunderts hieß das natürlich im Stil der Schlossgärten von Versailles. Die Belvedere-Gärten zeugen von der barocken Vorstellung der Natur als vom Menschen beherrschtem und wohlgeordnetem Raum: Sichtachsen und geometrisch geschnittene Pflanzen, kunstvoll verschnörkelte Broderieparterres und weite Wasserbecken, perspektivische Fortsetzung der Innenräume des Schlosses in der terrassierten Anlage des Gartens. Der Garten mit seinen vielen Skulpturen und Brunnenfiguren lässt sich als symbolisch verschlüsseltes Loblied auf des kleinwüchsigen Prinzen Ruhm und Siege entziffern. Darin ließ er sich gleichermaßen als Apoll und als Herkules feiern. Den Joggern, die frühabends ihre Runden durch den Schlosspark ziehen, fällt das vermutlich gar nicht auf. Viel eher denken sie wahrscheinlich an den Tisch im nächsten Heurigen-Weingarten, an den sie sich gleich nach dem Duschen setzen werden.

Liptaueraufstrich

Zutaten:
250 g Topfen
125 ml Sauerrahm
50 g Butter
4 kleine Essiggurkerln
1 kleine Zwiebel
1 TL Kapern
2 TL Estragon-Senf
1 TL Sardellenpaste
1 TL Paprikapulver (edelsüß)
Kümmel (ganz)
Salz
Pfeffer
Worcestersauce

Zwiebel, Essiggurkerln und Kapern fein hacken. Mit dem Topfen, der handwarmen Butter, dem Sauerrahm und allen übrigen Zutaten vermengen und abschmecken. Ein kleiner Tipp: Eventuell kann ein wenig Essiggurkerl-Marinade den Geschmack noch verfeinern. Wollen Sie den Liptauer etwas schärfer, können Sie anstelle des edelsüßen Paprikapulvers scharfes verwenden.
Zum Anrichten mit etwas gehackter Petersilie oder mit Schnittlauch bestreuen.

Kümmelbraten

Ein weiterer Heurigen-Klassiker

Zutaten:
1–1,5 kg Schweinsbauch
300 g gehackte Schweinsknochen
4–5 Knoblauchzehen, gepresst
Kümmel (ganz)
etwas dunkles Bier und Wasser zum Aufgießen
Salz

Die Schwarte des Schweinsbauchs in Halbzentimeter-Abständen quer zur Faser schröpfen (einschneiden). Danach mit dem gepressten Knoblauch, Salz und viel Kümmel rundherum gut einreiben. Die Schweinsknochen in einen Bratentopf geben, ein wenig dunkles Bier und Wasser hinzufügen, den Schweinsbauch auf die Knochen legen und in das auf 200 Grad vorgeheizte Backrohr schieben. Das Fleisch etwa alle 20 Minuten mit dem eigenen Saft übergießen. Die Backrohrtemperatur nach ungefähr einer Stunde auf 140 Grad reduzieren und das Fleisch weitere ein bis zwei Stunden braten lassen. Kurz vor Ende der Garzeit das Backrohr auf starke Oberhitze einstellen, damit die Schwarte knusprig wird.
Den fertigen Kümmelbraten aus dem Topf nehmen und warm

stellen. Den Bratensaft eventuell mit Salz und Suppenwürze abschmecken.
Der Kümmelbraten wird in Scheiben geschnitten mit etwas Bratensaft serviert. Als Beilage dazu eignen sich vorzüglich Semmelknödel, warmer Krautsalat oder Sauerkraut.
Genauso gut schmeckt der Kümmelbraten kalt. Klassischerweise serviert man ihn dann mit Senf, geriebenem Kren und Schwarzbrot.
Der erkaltete und gestockte Bratensaft wird beim Heurigen auch gern als Schmalz-Aufstrich angeboten; als sogenanntes »Bratlfettenbrot« mit Zwiebelringen.

Blunz'ngröstel

Zutaten für 4 Personen:
4 Blunz'n (pro Stück ca. 200 g)
2 mittelgroße Zwiebeln
¾ kg speckige Erdäpfel
Öl oder Schweineschmalz zum Braten
Majoran
Kümmel (ganz)
Salz
Pfeffer

Die Erdäpfel in der Schale weich kochen, schälen und in dünne Scheiben schneiden. Die Zwiebeln klein hacken und in wenig Öl (oder Schmalz) glasig werden lassen. Nun die Erdäpfelscheiben und die Gewürze untermischen und alles gut durchrösten. Beiseitestellen. In einer Pfanne Öl (oder Schmalz) erhitzen und die enthäuteten, in Scheiben geschnittenen Blutwürste darin knusprig braten. Danach das Erdäpfel-Zwiebel-Gröstel untermischen und servieren. Als Beilage zum Blunz'ngröstel passt am besten Sauerkraut.

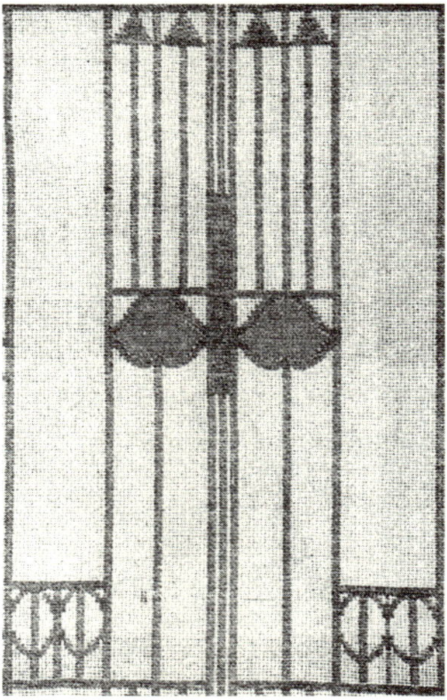

Das ziegelrote Wien

Onkel Gert und Tante Reni, die Favoritener Ziegelteiche und der »Böhmische Prater«. Ein Ausflug in den »10ten Hieb«, die traditionelle Hochburg des »Roten Wien«.

Morgens erschien Onkel Gerts raumfüllende Silhouette im Türrahmen und sein Donnerbass schmetterte ins Kinderzimmer: »Tagwache! In fünf Minuten Bettenkontrolle!« Gert grinste. »Auf, auf, ihr Hasen! Hört ihr nicht die Jäger blasen?«, dröhnte er weiter. Gert war ein großer Freund blöder Sprüche. Wir wälzten uns aus dem Bett und schlepp-ten uns verschlafen in die Küche, wo er bereits das Frühstück vorbereitete. »Gert, ich will ein Ei«, sagte meine Cousine Nani, Gerts Tochter. »Ich glaub, ich nehme heute einen Knoblauchtoast«, sagte ich. »Gert, ich esse eine gegrillte Knacker«, sagte mein Bruder Andi. »Und ich mag einen Schinken-Käse-Toast«, sagte mein Cousin Christoph, der Sohn von Gerts Schwester Trude.

Knoblauchtoast oder Grillwurst zum Frühstück waren natürlich ein revolutionärer kulinarischer Ausdruck von äußerster kindlicher Freiheit. Bei Onkel Gert und seiner Frau, meiner Tante Reni, herrschten für uns paradiesische Zustände. Wir konnten bei ihnen tun und lassen, was wir wollten. Wir waren jederzeit willkommen. Ihre Tür stand jahrein, jahraus sperrangelweit offen – als wir Kinder waren und zu ihnen nach Wien auf Besuch kamen, und auch später, als wir selbst schon in Wien lebten und hier studierten. Wir liebten sie. Und wir beneideten unsere Cousine Nani, die das ganze Jahr über in diesem Paradies lebte. Gert sagte: »Mein Kindl darf alles.« Das Kindl war heilig und genoss das, was man in den akademischen Kreisen der 1970er und 1980er Jahre wohl als antiautoritäre Erziehung bezeichnet hätte. Tante Reni, die Lehrerin gewesen war und später auf einem winzigen Schreibtisch und umtost von Gruppen tobender Kinder, von denen nur ein einziges ihr eigenes war, die Seminararbeiten für ihr Pädagogikstudium schrieb, pflegte sich augenzwinkernd auf den Wiener Pädagogikreformer und ehemaligen Leiter der Wiener städtischen Fürsorgeanstalten August Aichhorn (1878–1949) und dessen erzieherischen Leitspruch »mit absoluter Milde und Güte« zu berufen. Als sein Patenkind war ich Gerts »Lieblingstaufnichterl«, die Buben waren die »Lieblingsneffen« von Tante Reni. Und dann gab es noch Horden von Nachbarskindern, die regelmäßig bei Gert und Reni vorbeischauten. Manche dieser Kinder bekamen, wenn sie zu Hause etwas ausgefressen hatten, nicht etwa Hausarrest, sondern Gert-Besuchsverbot. Das galt als die härteste Strafe.

Solange ich mich erinnern konnte, wohnten Gert und Reni in Favoriten, Wiege und bis heute Hochburg des »Roten Wien«. Tante Reni nannte Favoriten auch gerne »10ter Hieb«, ein urwienerischer Ausdruck für Bezirk, über dessen etymologischen Ursprung verschiedene Theorien kursieren. Am plausibelsten klingt jene, dass die Wiener Stadtteile in der zweiten Hälfte des 19. Jahrhunderts einfach wie mit Hiebschlägen zerteilt und zu neuen Verwaltungsbezirken zusammengefasst wurden. Favoriten jedenfalls wurde 1874 gegründet, als erster Wiener Bezirk außerhalb des Gürtels, und seinen eleganten Namen verdankt der Inbegriff des Arbeiterbezirks ausgerechnet einem ehemaligen kaiserlichen Sommerschloss im 4. Bezirk, dem heutigen »Theresianum«, das früher »die Favorita« genannt wurde. Nachdem die Favoritenstraße direkt am Schloss, in dem heute die Diplomatische Akademie untergebracht ist, vorbei aus der inneren Stadt hinaus bis in den 10. Bezirk führt, lag es womöglich nahe, den roten 10. Hieb mit dem mondänen Namen Favoriten zu bedenken.

Um zu Gert und Reni zu kommen, nahm man erst einmal die U1 bis zum Reumannplatz, dem geschäftigen Zentrum von Favoriten. Der Platz ist nach Jakob Reumann benannt, der 1919 zum ersten sozialdemokratischen Bürgermeister Wiens gewählt wurde. Reumann war ein wesentlicher Träger der sozialreformerischen Gemeindepolitik des legendären »Roten Wien«, mit großen Gemeindewohnbauprojekten, Bildungsinitiativen und einem weit reichenden Fürsorge- und Gesundheitsprogramm. Der Reumannplatz und seine Umgebung lassen sich wie eine zu Architektur gewordene Fassung sozialdemokratischer Stadtentwicklungsgeschichte lesen: Zweihundert Meter vom Reumann-Platz die Favoritenstraße hinunter liegt der Viktor-Adler-Platz mit dem gleichnamigen Markt, der an den großen österreichischen Gründervater der sozialdemokratischen Arbeiterpartei erinnert. Den Reumann-Platz selbst dominiert der riesige Art-déco-Bau des Amalienbads, errichtet zwischen 1923 und 1926 und benannt nach der sozialdemokratischen Gemeinderätin Amalie Pölzer. Der imposante, mehrstöckige Tempel proletarischer Badekultur mit seinen mosaikverzierten Innenwänden, den eleganten Ornament-Handläufen und dem gewaltigen gewölbten Glasdach über dem Hauptschwimmbecken war bei seiner Eröffnung eines der größten Volksbäder Europas. Es stand nicht nur für die Macht der Sozialdemokratie, sondern auch für stilvolles städtisches Bauen im Dienste der Arbeiterschaft und gilt nach wie vor als eines der wichtigsten Baudenkmäler Wiens. Ab und zu gingen Tante Reni und ich dort in die Sauna. Wir saßen im Dampfbad in einem warmen, milchigen Nebel, der sich in Hunderten kleinen Wassertröpfchen auf den blaugrünen Wandfliesen absetzte, und plauderten. Reni lachte ihr lautes, meckerndes Lachen, streckte ihre langen, schlanken Beine genüsslich aus, redete wie ein Wasserfall und stand nach spätestens einer halben Stunde mit gut der halben Belegschaft des Dampfbades auf vertrautem Fuß.

Nach der Sauna stiegen wir dampfend in die Straßenbahn und fuhren bis zur Neilreichgasse am Wienerberg. Dort, im Karl-Wrba-Hof, einer riesigen, terrassierten, festungsartigen Wohnhausanlage mit Dutzenden Stiegen und Innenhöfen, lag Renis und Gerts Wohnung. »Gesunde Wohnungen – Glückliche Menschen« verkündet auch heute noch eine Tafel beim Eingang Sahulkastraße, die den Karl-Wrba-Hof als Teil des sozialen Wohnungsbaues der späten 1970er und frühen 1980er Jahre preist.
Die Wohnung hatte drei Zimmer, die mir als Kind groß und später ziemlich eng erschienen, und eine verbaute Loggia, auf der Gert einen Teil der Sammelstücke verstaute, mit denen er die Wohnung im Lauf der Zeit zu einer Art bewohntem Hindernisparcours umgestaltete. Onkel Gert hatte eine brennende Leidenschaft, die bei uns unter dem Begriff »Mist-Stierln« lief, wobei »stierln« ein wienerischer Ausdruck für »stochern« ist. Regelmäßig schwärmte Gert aus, um in den Abfalltonnen und Müllcontainern der Umgebung nach Brauchbarem zu suchen. Als brauchbar galt ihm alles, was repariert oder durch Umbau einem neuen Zweck zugeführt werden konnte, und Gert konnte so gut wie alles reparieren. Solange er noch als Sportartikelverkäufer arbeitete, hielt sich dieses kleine Hobby in annehmbarem Rahmen. Später aber, als er – obwohl erst in seinen frühen Fünfzigern – aufgrund seines schweren Asthmas, eines kaputten Hüftgelenks und deutlichen Übergewichts dem Arbeitsamt als »unvermittelbar« galt und von der Arbeitslosenhilfe über den Langzeitkrankenstand geschmeidig in die Frühpension hinüberglitt, hatte er enorme Mengen Tagesfreizeit und konnte seinem Sammlertum uneingeschränkten Lauf lassen. Als Rezept gegen den Hüftschmerz verschrieb er sich ein tägliches frühmorgendliches Bad in kochend heißem Wasser. Danach stemmte er unter Ächzen und Schnaufen seinen langustenroten Riesenleib aus der Badewanne und zog sich an. Kraft seines handwerklichen Geschicks hatte er aus einem

Skistock und einer großen Metallklemme eine Vorrichtung gebastelt, die ihm als Armverlängerung diente und mit deren Hilfe er sich – trotz Knie- und Hüftversteifung – die Socken anziehen konnte. Gewohnheitsmäßig trug er eine weite Jogginghose, die ausreichend Platz ließ für seinen enormen Bauch, und breite Turnschuhe mit Klettverschluss. Begleitet von seiner heißgeliebten Hündin Lotte, einem fidelen Schäfermischling aus dem Tierheim am Meidlinger Klehslplatz, begab er sich auf seine Spaziergänge. Mit einem lauten »Servas Oida!« grüßten ihn die Cliquen der Jugendlichen, die sich auf den Bänken des Gemeindebaus herumfläzten – die meisten genauso wie Gert adjustiert in Jogginghosen, die in ihrem Fall allerdings auf den regelmäßigen Besuch von Fitness-Studios und Krafträumen verwiesen. Es war offensichtlich: Gert war eine Autorität, Gert genoss Respekt. Ich fühlte mich sicher wie in Abrahams Schoß an der Seite dieses asthmatisch keuchenden, hinkenden, heiteren Riesen mit dem welligen, zu einem Rattenschwanzzopf zusammengebundenen Grauhaar und dem grauweißen Rauschevollbart, hinter dem zwei riesige, gelbe Hasen-Schneidezähne hervorlugten. Er war gutmütig und von endloser Geduld, vor allem gegenüber Kindern und Jugendlichen aller Altersklassen. Gleichzeitig war er stur wie ein Ziegenbock. Er verließ sich stets auf seine eigene Beurteilung der Lage, und es hätte vermutlich der Kraft einer atomaren Lenkwaffe bedurft, um ihn auch nur einen Zentimeter weit aus dem Orbit seines beschwingten Eigensinns herauszusprengen. Von manchen Dingen war er nicht abzubringen. Eben zum Beispiel vom Mist-Stierln: Also lagen auf seinem Wohnzimmertisch ölige Automotoren oder abgehalfterte Radios, die er wieder in Schwung brachte. Bei jedem Besuch verteilte er eigenhändig reparierte Staubsauger oder Plattengriller oder bot uns grauenhaft hässliche Beleuchtungskörper an, die er aus gefundenen Lampenschirmen und strohverkleideten Ballonweinflaschen zusammengebastelt hatte.

Das änderte sich auch nicht, nachdem ihn ein zufallender Müllcontainerdeckel einmal beinahe guillotiniert hätte. Gert sammelte und ging dabei mit dem Hund »äusserln« – ein schöner, sich beinah vollständig selbst erklärender Ausdruck für »mit dem Hund hinausgehen«. Von der Neilreichgasse führte Gerts tägliche Hunde-Äusserl-Strecke quer durch eine Schrebergartensiedlung zum Gelände des großen Wienerberg-Ziegelteichs.

Seit den 1970er Jahren ist dieses weitläufige, hügelige Gelände mit dem großen, in einer zentralen Senke gelegenen Ziegelteich ein sogenanntes »städtisches Naherholungsgebiet« mit Wiesen, gewundenen Wegen, niedrigen Laubwäldchen und einem breiten Schilfgürtel rund um den Teich. Auch wenn dieser Teich offiziell nicht als Badeteich zugelassen ist, ist dort immer wild gebadet worden. Mitte der 1990er Jahr wurde ein Teil des Gebiets sogar in eine Landschaftsschutzzone mit einigen der selten gewordenen Steppentrockenrasenflächen umgewandelt, die sich auf dem lehmigen Untergrund entwickelt hatten. Das Ziegelteichgebiet am Wienerberg ist nicht ganz leicht zu beschreiben: Es ist kein Park, denn dafür ist es ist viel zu groß, naturbelassen und wild. Gleichzeitig ist es aber auch keine unberührte Wildnis. Eigentlich sieht man ihm an, worum es sich handelt: ein ehemaliges Industriegelände, das sich die Natur – von Menschenhand unterstützt – zurückerobert hat.

Und damit ist man mittendrin in der Geschichte des Bezirks Favoriten. Die großen Grünflächen am Wienerberg und am nahe gelegenen Laaer Berg sind die ehemaligen Gelände der großen Ziegelwerke, die über lange Zeit die Sozialgeschichte Favoritens prägten. Die lehmhaltige Erde an den südlichen Ausläufern der Stadt hatte schon unter Kaiserin Maria Theresia zur Gründung des ersten Ziegelwerks geführt. Seinen großen Aufschwung aber nahm Favoriten in der zweiten Hälfte des 19. Jahrhunderts. Eine ganze Reihe von großen Industriebetrieben siedelten sich hier an, etwa die Süßwarenfabrik der Gebrüder Heller, die als Erfinder des Dragées gelten und deren berühmtester Nachfahre der Multimediakünstler André Heller ist, oder die Anker-Brotfabrik, deren von Pferden gezogene Lieferwägen über Jahrzehnte das Straßenbild in ganz Wien mitbestimmten Inzwischen sind sie längst den nicht minder omnipräsenten Anker-Verkaufs-Filialen gewichen. Vor allem aber intensivierten die Wienerberger Ziegelwerke in dieser Zeit ihre Geschäftstätigkeit. Der Markt für Ziegel stieg sprunghaft an, weil für den Bau der großen Prachtbauten der Ringstraße Millionen von Ziegeln vonnöten waren. Der Bauboom ging mit einer Zuwanderungswelle einher. Die meisten der Arbeiter, die sich in Favoriten niederließen, kamen aus den Kronländern der Monarchie, allen voran aus Böhmen. Die »Ziegelböhmen« prägten fortan den Bezirk und seine Geschichte.

Sie lebten und arbeiteten unter verheerenden Bedingungen: zusammengepfercht in Substandard-Unterkünften und durch die – eigentlich verbotene – Tauschhandelsstruktur des »Truck-Systems« in vollständiger, beinah sklavenähnlicher Abhängigkeit von ihren Arbeitgebern gehalten. Denn anstelle eines Geldlohns erhielten die Arbeiter Blechmarken, die sie nur bei einem bestimmten Kantinenwirt gegen Essen und Getränke eintauschen durften. Die Wirte nutzten die Zwangslage der Arbeiter gehörig aus. Es überrascht also kaum, dass die Sozialdemokratie ausgerechnet in diesem Umfeld rasch großen Zuspruch fand. Viktor Adler war es, der sich besonders für die Rechte der »Ziaglbehm« starkmachte. 1888 veröffentlichte er einen Artikel zur »Lage der Ziegelarbeiter«: »Für die Ziegelschläger gibt es elende Arbeitshäuser. In jedem einzelnen Raum, sogenanntem (sic) ›Zimmer‹ dieser Hütten, schlafen je drei, vier bis zehn Familien, Männer, Weiber, Kinder, alle durcheinander, untereinander, übereinander. Für diese Schlafhöhlen scheint die Gesellschaft sich noch ›Wohnungsmiete‹ zahlen zu lassen «

Die Missstände, deren es noch viele mehr gab, führten 1895 zu einem großen Streik der inzwischen wohlorganisierten Ziegelarbeiter, der schließlich in eine Verbesserung ihrer Arbeitsbedingungen mündete. Zum 1. Mai 1897 verkündete die »Arbeiter-Zeitung«: »Am Laaer Berg, im sogenannten Böhmischen Prater, wo die Ziegelarbeiter des Wienerbergs und der benachbarten Werke zusammenkamen, ging's nachmittags lustig zu. Feierten doch die Ziegelarbeiter nicht nur das Weltfest des Proletariats, sondern auch den Sieg, den (...) sie errungen hatten.« Man hatte ihnen die Einhaltung des Elfstundentages und der Sonntagsruhe zugesichert, außerdem eine Erhöhung der Löhne und das endgültige Ende des erpresserischen Truck-Systems.
Der »Böhmische Prater« am Laaer Berg wurde zu dem Ort, an dem die »Ziaglbehm« ihre Freizeit verbrachten. Einer, der besonders viel über die Geschichte des »Böhmischen Praters« weiß, ist Fritz Bruckmoser, der Obmann des »Kulturverbands Böhmischer Prater – Tivoli«, den ich in seinem Büro am Laaer Berg besuche. Es ist gerade Winterpause im »Böhmischen Prater«. Verschlafen und schneeüberzuckert liegen die Ringelspiele und die Märchenbahn, das hellblaue Kaffeehäferl-Riesenrad und der rote Straßenbahnwaggon der »Süßen Tram«, der Heurige und das chinesische Restaurant. Ein reges Ein und Aus herrscht um diese Jahreszeit nur im goldig glänzenden, verspiegelten »Casino Monte Laa«, in dem die Spielautomaten untergebracht sind.
Es ist eine kleine Rummelplatzwelt; nicht nur im Winter sichtbar weniger lärmend, hektisch und hochtechnisiert als das laute Großvergnügungsterrain des »Wurstelpraters« im 2. Bezirk. Hier in Favoriten hat man quasi einen Prater im Kleinen, und Fritz Bruckmoser findet das auch richtig so: »Bei uns im ›Böhmischen Prater‹ kann der Opa gemeinsam mit dem Enkerl fahren, was bei den schweren Maschinen im Wurstelprater gar nicht ginge. Wir sind der Familienprater.« Seit über 25 Jahren ist Fritz Bruckmoser hier Unter-

nehmer, organisiert die Konzerte und Kulturveranstaltungen im Tivoli-Center, betreibt ein Café, eine Werbefirma und ein paar Ringelspiele. Und er hat eine riesige Sammlung historischer Postkarten zusammengetragen – Schwerpunkt: »Böhmischer Prater«. »Es gibt fast nichts mehr, was ich nicht habe«, sagt er stolz. Da ist zum Beispiel eine Postkarte, die den »Böhmischen Prater« um 1900 zeigt: eine weite, ungepflasterte Straße, im Hintergrund flache Holzhäuser und Bäume, im Vordergrund ein kleines Riesenrad und ein weißgestrichener Aussichtsturm. »Das sogenannte Russenrad, wie man damals dazu gesagt hat, ist hier am Tivoli-Platz auf meiner Seite der Straße gestanden. Als wir den Platz gerodet haben, haben wir noch das alte Fundament gefunden.« Die ersten Gasthäuser hier am Wienerberg, erzählt Fritz Bruckmoser, entstanden aus den Werkskantinen der Wienerberger Ziegelwerke. Nach und nach siedelten sich immer mehr Wirte hier an. Die Schausteller folgten. Wie die Besucher des »Böhmischen Praters« stammten auch sie nicht selten aus Böhmen. 1886, fünf Jahre nach Gründung des »Böhmischen Praters«, vermerkte eine Vorstadt-Zeitung die Namen einiger hiesiger »Vergnügungs-Etablissementsbesitzer«: »Bartonicek, Bezdek, Bocek, Budar, Dworacek, Klimes, Pokorny, Sklenarik, Swoboda, Wanya«. Man war – sozusagen – unter sich.

Die Spuren dieses böhmischen Einflusses zeigen sich in Wien bis heute. »In den Namen des Wiener Telefonbuchs zum Beispiel«, lacht Tante Reni. Sie selbst wuchs mit einer böhmischen Großmutter auf, die »noch böhmakelte, was das Zeug hielt«. Abseits ihres tschechischen Akzents stand Renis Großmutter aber auch noch für etwas anderes, das zu den klassischen Erfahrungstatsachen der Böhmen-Klischees in Wien gehört: Sie war eine begnadete Köchin. Eine von vielen. Wo die berühmte Wiener Küche ohne all ihre fantastischen böhmischen Köchinnen und deren mitgebrachte Rezepte stünde, das wäre wirklich nicht auszudenken!

Zu Zeiten der k. u. k. Monarchie spielten böhmische Köchinnen in wohlhabenden Wiener Haushalten eine zentrale Rolle. Es soll vor allem auf ihren segensreichen kulinarischen Einfluss zurückzuführen sein, dass Fruchtknödel aus Erdäpfelteig Eingang ins Standardrepertoire der Wiener Küche fanden.

Marillen- oder Zwetschkenknödel

Zutaten für 4 Personen (ca. 12–14 Knödel):
12–14 Marillen oder Zwetschken
12–14 Stück Würfelzucker
150 g Semmelbrösel
150 g Butter
Zimt
Staubzucker

Für den Erdäpfelteig:
200 g mehlige Erdäpfel
200 g griffiges Weizenmehl
50 g Weizengrieß
2 Eier
etwas Salz

Die Erdäpfel sollten am besten am Vortag in der Schale weich gekocht werden und auskühlen. Schälen, durch eine Reibe passieren und mit allen übrigen Zutaten gut durchkneten. Den fertigen Teig vor der Weiterverarbeitung eine gute halbe Stunde rasten lassen.
Die Marillen bzw. Zwetschken entkernen und mit einem Stück Würfelzucker füllen.
Den Teig zu einer Rolle formen und in ca. 12 bis 14 gleich dicke Scheiben schneiden. Jeweils eine Marille oder Zwetschke auf eine flach gedrückte Scheibe geben, ganz mit dem Teig umhül-

len und zwischen den Handflächen zu einem Knödel formen. Damit der Teig nicht klebt, empfiehlt es sich, die Handflächen immer wieder leicht mit Mehl zu bestauben.
Die fertig geformten Fruchtknödel vorsichtig in einen großen Topf mit schwach köchelndem Wasser einlegen und ca. 15 Minuten ziehen lassen. Dabei sollten die Knödel von Anfang an nicht am Topfboden kleben bleiben. Im Zweifelsfall lösen Sie sie durch leichtes Anstupsen.
Währenddessen Butter in einer flachen Pfanne zum Schmelzen bringen und die Bröseln darin goldbraun rösten. Mit Zimt und Staubzucker abschmecken.
Die fertigen Knödel in dem Bröselgemisch wälzen und mit Staubzucker bestreut servieren.
Varianten: Erdäpfelknödel ohne süße Füllung eignen sich hervorragend als Beilage zu Schweins- oder Kümmelbraten oder auch zu Wildgerichten. Dazu formt man aus den Teigscheiben einfach ganze Knödel und lässt sie ca. 20 Minuten im schwach kochenden Wasser ziehen.

Gefüllte Paprika mit Paradeissauce

Zutaten für 4 Personen:
Für die gefüllten Paprika:
8 grüne Paprika
400 g gemischtes Faschiertes (Rind und Schwein)
200 g gekochten Reis
1 mittelgroße Zwiebel
1 gepresste Knoblauchzehe
1 EL gehackte Petersilie
Majoran
Salz
Pfeffer

Für die Paradeissauce:
1 kg Paradeiser (oder Tomaten aus der Dose)
1 Zwiebel, klein gehackt
50 g Mehl
Salz
Zucker
etwas Öl

Die Stiele der Paprikaschoten entfernen und an der Stielseite einen Deckel abschneiden. Die Paprika gut entkernen und gründlich auswaschen. Die klein gehackte Zwiebel in Öl anrösten, mit dem gepressten Knoblauch, der Petersilie, Majoran, Salz und Pfeffer würzen und mit dem Faschierten und dem vorgekochten Reis vermischen. Die Masse in die Paprika füllen und die Deckel wieder auf die Schoten setzen.
Für die Paradeissauce die fein gehackte Zwiebel in Öl anschwitzen, mit Mehl bestauben und kurz durchrösten. Die Paradeiser waschen, vierteln und dazugeben. Gut verkochen lassen, mit Salz und Zucker würzen und durch ein Sieb pressen. In Wien wird die Paradeissauce traditionell etwas stärker gesüßt.
Nun die gefüllten Paprikaschoten aufrecht in eine ausgefettete Kasserolle einsetzen und im vorgeheizten Backrohr bei ca. 180 Grad 20 Minuten lang anbraten. Danach die Paradeissauce zugießen und die Paprika eine weitere halbe Stunde lang fertig dünsten.
Die klassische Beilage zu gefüllten Paprika mit Paradeissauce sind Salzerdäpfel.

Reisfleisch

Zutaten für 4 Personen:
600–700 g ausgelöste Kalbsschulter oder Kalbsvögerl (oder kostengünstiger mit Schweinsschulter)

200 g Langkornreis
2 mittlere Zwiebeln
2 EL Paprikapulver (edelsüß)
1,5 l Rindsuppe
2 Knoblauchzehen, gepresst
3 EL Sauerrahm
1 EL Mehl
4 EL Öl
Salz
Pfeffer
geriebener Hartkäse (am besten Parmesan)

Die gehackten Zwiebeln in Öl anschwitzen, mit dem Paprikapulver bestauben, kurz durchrösten und mit der Suppe aufgießen. Das Fleisch in Würfel von ca. 2 Zentimetern Durchmesser schneiden und in einer Pfanne mit erhitztem Öl von allen Seiten anbraten. Salzen und pfeffern. Danach das Fleisch und den gepressten Knoblauch in den mit Suppe gefüllten Topf geben und zugedeckt dünsten lassen. Nach ca. 1 Stunde Kochzeit 0,3 Liter vom Saft abschöpfen und für später aufheben. Jetzt wird der Reis dazugegeben und alles zugedeckt bei kleiner Flamme so lange weitergedünstet, bis der Reis gar ist (ca. 20 Minuten).
Währenddessen den Sauerrahm mit dem Mehl verrühren und mit dem abgeschöpften Saft in einem kleinen Topf aufkochen lassen und warm stellen.
Das fertige Reisfleisch wird am besten mit Hilfe eines Suppenschöpfers halbkugelförmig auf einen Teller gestürzt, mit dem warm gestellten Saft umgossen und dem geriebenen Käse bestreut.

Das schwarze Wien

»Der Tod, das muss ein Wiener sein«: Überprüfung einer Behauptung von Georg Kreisler anhand eines Ausflugs zum Hietzinger Friedhof und einer Reihe großmütterlicher Anweisungen für den Sterbefall. Dazu ein kleiner Abstecher an den Stadtrand zum Friedhof der Namenlosen.

Der großmütterliche Befehl lautete: »Keine unliebsamen Nachbarn auf meinem Begräbnis!« Sie hatte ihn – unversöhnlicher Racheengel bis zuletzt – mit Zitterschrift auf eine kleine blassgelbe Klebenotiz gekritzelt, die wir nach ihrem Tod, quasi als Nachtrag, außen schief aufgeklebt auf dem Transparent-Einband ihrer von langer Hand für den Sterbefall vorbereiteten Begräbnismappe fanden. Nicht, dass wir je vorgehabt hätten, irgendwelche Nachbarn zu ihrem Begräbnis einzuladen.

»Ordnung schaffen – im Leben und darüber hinaus«: Dem zackigen Leitspruch des »Wiener Vereins«, dieses schon seit 100 Jahren erfolgreich operierenden urwienerischen Dienstleistungsunternehmens in Todesvorbereitungsfragen, hatte sich meine Großmutter aus Überzeugung angeschlossen, eine Bestattungsversicherung unterzeichnet und ihr eigenes Begräbnis im Voraus gleich selbst bezahlt und organisiert. Die Polizzen und Dokumente des »Wiener Vereins« fanden sich, mit großmütterlichen Unterstreichungen und Hervorhebungen in Rot versehen, in besagter Mappe.

Ich sehe sie vor mir: halb aufrecht, von Dutzendschaften von Polstern gestützt, in ihrem Schlafzimmer. Jahrein, jahraus lag sie auf ihrem Krankenlager. Unterbrochen wurde diese Routine zumeist nur von Spitalsaufenthalten. »Ein medizinisches Wunder, Ihre Frau Mama«, sagte der Primar zu meinem Vater. »Von Amts wegen dürft' sie gar nicht mehr am Leben sein.« Sie schlingerte jahrzehntelang nahe an der Todesgrenze entlang. Nennen Sie eine schwere, lebensbedrohliche Krankheit! Die Omama hatte sie sicher oder zumindest sicher schon hinter sich. Der nagende Dauerschmerz konturierte ihren schon von Natur aus kantigen Charakter und bescherte ihr einen scharfen Blick auf die Welt. Feine Rücksichtnahme war von ihr nicht zu erwarten. »Schnitzel ungenießbar!«, schrieb sie auf einen Zettel, den sie meinem Vater als kleines Dankeschön für ein Mittagessen hinterlegte, welches er für sie in der tatsächlich äußerst feinen Fleischhauerei Schober in der Währingerstraße geholt hatte. »Schober nicht Sacher!«, schrieb mein Vater ungerührt zurück.

Die Großmutter lag in ihrem Bett, las, schrieb pathetische Gedichte und brütete vor sich hin. Herrlicher Sternparkettboden unter ihr, wunderbar ziselierter Stuck an der hohen Zimmerdecke über ihr, zur Zeit der Maiandachten hörte man nachmittags die Glocken der Votivkirche sanft herüber, und vor den Fenstern leuchteten die sonnenlichtdurchschienenen Blütentrauben des Blauglockenbaums im Innenhof, den sie mit allergrößter Hartnäckigkeit behördlich zum Naturdenkmal hatte erklären lassen. Damit verhinderte sie, dass er dem geplanten Bau einer Tiefgarage zum Opfer fiel. »Verbrecher«, fauchte sie, »lauter Verbrecher!« Der Blauglockenbaum, dozierte sie herrisch, stamme noch aus der Zeit des Glacis, jener freien, eben nur mit einigen Blauglockenbäumen bepflanzten Fläche, die vor den alten Stadtmauern Wiens gelegen habe, bis ab Mitte des 19. Jahrhunderts just hier rund um die Innenstadt auf kaiserlichen Befehl die Ringstraße mit ihren imposanten Bürgerhäusern und Prachtbauten errichtet worden war, darunter die Oper, die Universität, das Burgtheater, das Parlament, das Naturhistorische und das Kunsthistorische Museum.

In ihrem Bett umgaben die Großmutter stets alle wichtigen Tageszeitungen und politischen Zeitschriften, die sie akribisch studierte. Sie runzelte die Stirn, jeder Artikel konnte Anlass zu einer Tirade sein. Gereizt blickte sie hinter ihren Brillengläsern hervor und murmelte Dinge wie »Die Unterkante der Mediokrität«, oder: »Hier steht es: Die neue Regierung, eine Katastrophe. Dem Mann ist nicht zu widersprechen«, oder schließlich, in angeekeltem Überdruss: »Na, und so geht's dahin ...«
Vor Jahren, als sie noch besser zu Fuß war, hatte sie mich einmal zu einem Lehrausflug ans Familiengrab auf dem Hietzinger Friedhof zwangsverpflichtet. Da standen wir also, Schloss Schönbrunn mitsamt Park und Zoo im Rücken. Fast meinte man, von dort her die Löwen in ihren Gehegen brüllen zu hören. Ich dachte an eine Szene aus Michael Kehlmanns wunderbarer 60er-Jahre-Fernsehverfilmung des Joseph-Roth-Romans *Radetzkymarsch*: Es ist der November des Jahres 1916. Die Nachricht vom bevorstehenden Tod Kaiser Franz Josephs treibt den alten Baron von Trotta, gespielt vom unvergleichlichen Leopold Rudolf, in der Kutsche hinaus zum Schloss Schönbrunn, in dem der greise Monarch seine letzten Atemzüge tut. Der Baron ist schwer gezeichnet vom Tod seines einzigen Sohnes Carl Joseph auf den Schlachtfeldern des Ersten Weltkriegs. Er steht auf der Parkseite im Nebel vorm Schloss, er trägt seinen Gehrock und den altmodischen Backenbart, den außer ihm nur mehr der sterbende Kaiser selbst für zeitgemäß hält. Er ist ein gebrochener, aber treuer Diener seines Herrn. Die akkurat getrimmten barocken Heckenwände der großen Allee, in der sich heute tagein, tagaus Abertausende von bunt gewandeten, heftig knipsenden Touristen herumtreiben, bilden in dieser langsamen Filmszene die gespenstische Schwarz-Weiß-Kulisse zur Trauer des Barons um eine dem Untergang geweihte Habsburgermonarchie.
Ein bisschen so fühlte es sich an, als die Großmutter und ich

vorm Familiengrab standen und andächtig den glänzenden, schwarz-marmornen Grabstein betrachteten, dessen Oberkante sehr zum Missfallen der Omama von wächsern-weißen Harzflecken und -schlieren verunziert war, die von einer dusteren Fichte heruntertropften. Ich schaute, ich las: die Namen diverser, Jahrzehnte vor meiner Geburt verblichener Ahnen, die ich nur vom Hörensagen kannte. Dicke Goldlettern verzeichneten pflichtschuldigst auch über den Tod hinaus ihre Titel und Ränge in der kompliziert gewebten Wiener Welt von gestern: »Oberstabsarztenswitwe«, »Rechtsanwalt«, »Rechtsanwaltsgattin«. Dann der Name meines Großvaters – auch er ein für mich Unbekannter und schon lange tot – und endlich, zuunterst in der Goldlettern-Reihe, der Name der Omama selbst, die höchst lebendig neben mir stand, und darunter »13. 3. 1917 –«. »Dreizehnter März neunzehnhundertsiebzehn bis …«, murmelte ich verdattert. »Ihr müsst nur mehr das Sterbejahr einmeißeln lassen«, sprach zufrieden und gut hörbar die Omama, und in ihrer Stimme schwang ein deutliches »Dazu werdet ihr doch wohl imstande sein!« mit.
In meinem Kopf sang Georg Kreisler das berühmteste seiner schwarzen Chansons:
»Der Tod, das muss ein Wiener sein,
genau wie die Lieb a Französin.
Denn wer bringt dich pünktlich zur Himmelstür?
Ja, da hat nur ein Wiener das G'spür dafür.
Der Tod, das muss ein Wiener sein,
nur er trifft den richtigen Ton.
Geh Schatzerl, geh Katzerl, was sperrst dich denn ein?
Der Tod muss ein Wiener sein.«

Vor kurzem war ich wieder am Hietzinger Friedhof. Seit Großmutters Begräbnis vor ein paar Jahren war ich nicht mehr hierhergekommen und verirrte mich heillos zwischen Mausoleen, Grabreihen und Zypressen. Das Familiengrab fand ich nicht. Im Westen glühten schmale, orangeblaue Wolkenbänke im spätherbstlichen Abendlicht, bilderbuchmäßig krächzten ein paar Krähen im Flug über meinem Kopf. Ich ging zur Friedhofsverwaltung. Ein durchdringend nach Schweiß riechender, kettenrauchender Friedhofsbeamter suchte umständlich in seinem Computer nach dem Namen meiner Großmutter und händigte mir schließlich mit viel Sinn fürs Praktische einen vorgedruckten Zettel im Visitenkartenformat aus, den er zuvor umsichtig von Hand ausgefüllt hatte: »Friedhof Hietzing« stand da, gefolgt von einer Telefonnummer, darunter ein kleines schwarzes Kreuz, dann »Name«, »Gruppe«, »Reihe«, »Nummer«. Der Familienname, den er eingetragen hatte, war auch mein eigener. Ich fand das Grab sofort. Durch einen seltsamen Zufall hatte ich auf den Tag genau den Todestag der Omama getroffen. Das hätte ihr gefallen, dachte ich und stand ein paar Minuten unschlüssig herum. Dann wandte ich mich zum Gehen. Einen Steinwurf entfernt las ich im Vorübergehen auf einem Grabstein den Namen »Tausig«. Mir fiel der große alte Burgtheater-Schauspieler Otto Tausig ein, der vor kurzem in seiner Dankesrede zur Verleihung des Österreichischen Ehrenkreuzes für Wissenschaft und Kunst gesagt hatte: »Vom Heesters wollen wir gar nicht reden, aber auch ich nehme meine Pensionseinkünfte schon zehn Jahre länger in Anspruch als mir zusteht. Zwar kann ich mit Nestroy sagen: Ich höre schon das Gras wachsen, in das ich beißen werde, aber zum Leidwesen des Finanzministers bin ich immer noch da.« Auch das hätte der Omama gefallen. An guten Tagen mangelte es ihr durchaus nicht an Humor, dachte ich beschwingt, machte im Hinausgehen eine Wiener-Secessionisten-Ehrenrunde vorbei an den Gräbern von Gustav Klimt, Koloman Moser und Otto Wagner und zollte so den großen Vertretern dieser Fin-de-Siècle-Künstlervereinigung und ihrer Wiener Variante des Jugendstils Tribut. Auf dem Rückweg stieß ich irrtümlich auf das übermannshohe

Grabdenkmal von »Engelbert Dollfuß, Bundeskanzler«. Ich ärgerte mich kurz, weil mir irgendwie der Zusatz »Bundeskanzler des austrofaschistischen Ständestaats« abging.

Tags darauf telefonierte ich mit Herrn Fuchs. »Ich spüre dem Tod in Wien nach«, teilte ich ihm mit, was ihn keineswegs verblüffte, und bat um ein Treffen. Wir verabredeten uns für 11 Uhr 15 am Alberner Hafen. »Gleich hinter den großen alten Speichern und den neuen gelben Silogebäuden«, sagte Herr Fuchs. Es war ein strahlend sonniger, eisig kalter Tag. Als ich mich endlich mit dem Auto am Handelskai den ganzen Prater entlang und durch das Industriegebiet am Stadtrand an die äußersten Ausläufer von Simmering, dem 11. Wiener Gemeindebezirk, durchgekämpft hatte und am Treffpunkt ankam, wartete Herr Fuchs schon rauchend und mit eingezogenen Schultern.
Josef Fuchs, ein großer, schlanker Mann mit Schnurrbart, kümmert sich um den »Friedhof der Namenlosen«. Vor ihm tat das sein Vater, davor sein Großvater – Letzterer über sechzig Jahre lang, bis zu seinem Tod 1996. »Wie kommt das, dass Ihre Familie ehrenamtlich seit Jahrzehnten diesen Friedhof pflegt?«, fragte ich. Ruhig lächelnd antwortete Josef Fuchs: »Andere haben einen Schrebergarten, wir haben einen Friedhof.« Den Friedhof der Namenlosen eben. In einer kleinen Senke des Hafengeländes liegt er, die Gräber dicht an dicht, mit schmiedeeisernen Kreuzen, alle geschmückt mit verwelkenden Chrysanthemen, die Herr Fuchs zu Allerheiligen von den Gärtnern der Umgebung für den Friedhof geschenkt bekommt. »Hier liegen Wasserleichen, Erschossene, Erhängte und Verunfallte. Der Großteil sind Selbstmörder, die sich in der Donau ertränkt oder in der Au erhängt haben«, sagte Herr Fuchs. 102 Tote sind hier begraben, in ungeweihter Erde, versteht sich, und von vielen kennt man nicht einmal die Namen. »Bis zum Hafenbau hat die Donau sie aufgrund eines Wasserwirbels genau auf dieser Höhe, bei

Stromkilometer 1918,3, ausgespuckt. 478 andere Tote liegen noch dort drüben, auf dem alten Friedhof«, Herr Fuchs deutete in Richtung des nahen Donauufers, »er wurde um 1900 aufgelassen und hierher verlegt, weil die Donau ihn immer wieder überschwemmt hat.« Seit 1940 werden hier keine neuen Toten mehr begraben, und der Friedhof steht unter Denkmalschutz. Er liegt abgelegen am Stadtrand und ist – ohne Auto – umständlich zu erreichen, und doch kommen in den letzten Jahren ziemlich viele Leute hierher. »Manchmal ganze Busse voll«, sagt Herr Fuchs. Besonders seit Richard Linklaters Film »Before Sunrise« aus dem Jahr 1995. Darin unterhalten sich die beiden Hauptdarsteller, die Hollywood-Schauspieler Ethan Hawke und Julie Delpy, auf dem »Friedhof der Namenlosen« über den Tod und die Endlichkeit des Lebens. Genau zwischen den schmiedeeisernen Kreuzen, auf denen »Unbekannt«, »Namenlos« oder »Ertrunken durch fremde Hand« steht.

Schon als Kind sei er immer mit seinem Großvater hierhergekommen und habe das heruntergefallene Laub von den Wegen und Gräbern weggerecht, erinnerte sich Herr Fuchs. Der Großvater habe erzählt: Von dem Morgen im Jahr 1933 zum Beispiel, als er zum Friedhof kam und auf dem Grab der Cäcilie Getler, die sechs Jahre zuvor in die Donau gegangen war, deren toten Sohn Oskar fand. Er hatte sich am Grab der Mutter erschossen. Der Großvater erzählte auch, wie er gemeinsam mit den Fischern und Jägern der Umgebung die gefundenen Toten in einem Schubkarren oder auf Tragen zur Totenkammer gebracht hatte, wo man sie untersuchte, zu identifizieren versuchte und fürs Begräbnis reinigte. Das kleine Totenkammer-Häuschen steht immer noch am Rand des Friedhofs. »Ich sperre das Friedhofstor und die Totenkammer immer zu, wenn ich gehe. Sonst kann es passieren, dass irgendwelche Halblustigen oder Verrückten kommen, die Kreuze aus dem Boden reißen und verkehrt herum wieder reinstecken oder den Schausarg aus der Totenkammer raustragen und ins Gebüsch werfen.« Hundertfünfzig Meter weiter donauabwärts steht das »Gasthaus zum Friedhof der Namenlosen«, wo in Peter Handkes Romanerzählung *Die Morawische Nacht* ein Welttreffen der Maultrommelspieler stattfindet. Es ist der passende Ort für eine Außenseiterzusammenkunft. Eine solche Zusammenkunft ist ja in gewisser Weise auch die der Begrabenen des Friedhofs selbst.

Hinter dem kiesgestreuten Gastgarten des Wirtshauses, wo man im Sommer aus dem kühlen Baumschatten zur Donau hinschauen und Fisch essen kann, beginnt die offene, grüne, helle Au. Hier nehmen weite Spazierwege entlang des Wassers ihren Anfang, stehen vereinzelt kleine Schrebergartenhäuschen und liegen Boote am Ufer. Es ist der einzige Ort, den ich kenne, an dem die so viel gerühmte blaue Donau – zumindest an sonnigen Spätherbsttagen – ihrem Ruf gerecht wird und auch tatsächlich blau ist. Strahlend blau sogar, mit weißen Tupfen, die sich bei näherem Hinsehen als Möwen entpuppen, die im Flusssand sitzen oder sich auf den Wellen treiben lassen. Irgendwie rechnet man damit, in der Ferne schon die Plattenbauhochhäuser der Vororte des kaum 50 Kilometer entfernten Bratislava zu sehen. Die Weite dieses Raums und seine heitere Schönheit kommen überraschend – besonders im Kontrast zur Hafenanlage und dem kleinen Friedhof der Namenlosen mit seiner wunderlichen Gruselidyllen-Stimmung. Und doch passen sie zusammen.

»Dass den nicht einmal zwei Millionen Einwohnern Wiens allein auf dem Zentralfriedhof über drei Millionen Tote gegenüberstehen oder vielmehr gegenüberliegen, finde ich einen beunruhigenden Gedanken«, sagte einige Zeit später bei einem Spaziergang in der Au mein Freund Adi. »Da haben es die 102 Selbstmörder auf dem Friedhof der Namenlosen gemütlicher«, sagte ich. Adi blieb stehen und warf einen zufriedenen Blick über die Donauauen. »Es ist halt nicht egal, mit wie vielen Menschen man zusammenliegt«, sagte er. »Und auch nicht, mit wie vielen man spazieren geht«, sagte ich und erzählte ihm eine Anekdote über Joseph II. Nachdem der Habsburgerherrscher neben dem Wiener Prater im Jahr 1775 auch die kaiserlichen Gartenanlagen des Augartens im 2. Wiener Bezirk der Allgemeinheit zugänglich gemacht und ihr auch noch die einladende Inschrift »Allen Menschen gewidmeter Erlustigungs-Ort von Ihrem Schaetzer« übers Hauptportal geschrieben hatte, beschwerten sich einige Adelige bei ihm. Nun könnten sie nirgendwo mehr unter ihresgleichen spazieren gehen. Joseph II. schmetterte die Klage unter Anspielung auf die berühmte Begräbnisstätte der Habsburger in der Tegetthoffstraße im Stadtzentrum ab: Wollte er stets nur unter seinesgleichen bleiben, meinte er, müsste er in der Kapuzinergruft spazieren gehen.

Zanderfilet mit Letscho

Zutaten für 4 Personen:
4 Zanderfilets à 200 g
frischer Rosmarin
1 EL Butter
Salz
Pfeffer

Für das Letscho:
½ kg Paprikaschoten (grüne, gelbe und rote gemischt)
1 große Zwiebel
2 Knoblauchzehen
1 Dose Paradeiser
1 Schuss Weißwein
etwas Rind- oder Gemüsesuppe
eine Prise Zucker

Olivenöl
Salz
Pfeffer
Petersilie, gehackt

Die Paprikaschoten entstielen, entkernen und in ca. 3 cm lange Streifen schneiden. In einer Pfanne die gehackte Zwiebel in Olivenöl glasig anschwitzen. Danach die Paprikastreifen und die in feine Scheiben geschnittenen Knoblauchzehen untermischen und kurz anbraten. Mit einem Schuss Weißwein ablöschen. Nun etwas Suppe zugießen und einige Minuten dünsten lassen. Die Dosentomaten grob würfelig schneiden, dazugeben, mit Salz, Pfeffer und einer Prise Zucker würzen und ein paar Minuten einkochen lassen.
Das fertige Letscho warm stellen.
Die Zanderfilets kalt abwaschen und mit Küchenkrepp abtupfen. Die Haut im Abstand von jeweils einem Zentimeter der Breite nach einritzen. Die Rosmarinnadeln hacken und leicht in die Hautschnitte eindrücken. Beidseitig etwas salzen und pfeffern. In einer Pfanne Olivenöl mit der Butter erhitzen, die Zanderfilets mit der Hautseite nach unten einlegen und 2 bis 3 Minuten knusprig braten. Die Pfanne vom Herd nehmen, die Filets wenden und noch kurz durchziehen lassen.
Das Letscho auf den Tellern anrichten, die Zanderfilets der Breite nach halbieren und mit der Hautseite nach oben auf das Letscho legen.
Als weitere Beilage empfehlen sich Salzerdäpfel.

Vanillerostbraten

Der Rostbraten zählt zu den typischsten Wiener Gerichten. Es gibt ihn in den unterschiedlichsten Varianten. Eine davon ist der »Vanillerostbraten«, dessen irreführender Name an eine

Zeit erinnert, als seltene Gewürze für einfache Haushalte noch beinah unerschwingliche Luxusprodukte waren. Unter diesen Vorzeichen erhielt der allzeit verfügbare, billige Knoblauch den Beinamen »Vanille des kleinen Mannes«.

Zutaten für 4 Personen:
4 Scheiben Rostbraten à 200 g
2 EL Butterschmalz (oder Öl)
4 Knoblauchzehen, gepresst
etwas Suppe oder Kalbsfond (zum Aufgießen)
Salz
Pfeffer
Mehl
1 EL kalte Butter zum Binden der Sauce

Die Rostbratenscheiben mit einem Fleischklopfer vorsichtig dünn plattieren und an den Fetträndern – falls es Fettränder gibt – einschneiden. Mit Salz, Pfeffer und der halben Menge Knoblauch auf beiden Seiten einreiben. In einer Pfanne Butterschmalz erhitzen. Das Fleisch einseitig in Mehl drücken und mit der eingemehlten Seite nach unten ins heiße Fett legen. Braun braten und dabei einmal wenden. Die gebratenen Fleischscheiben aus der Pfanne heben und auf einem Teller beiseitestellen. Den Bratenrückstand mit Suppe oder Fond ablöschen und etwas einkochen lassen. Währenddessen den restlichen Knoblauch hinzufügen. Zum Schluss die Pfanne vom Herd nehmen und die kalte Butter einrühren. Nun den Rostbraten wieder in die Pfanne legen und kurz durchziehen lassen.
Mit Braterdäpfeln servieren.
Wer es lieber etwas magerer hat, nimmt statt Rostbraten Beiried. In jedem Fall sollte das Fleisch gut abgehangen sein.

Glossar

Beiried: Roastbeef

Beuschel: Lunge

Blunzen oder **Blunz'n**: Blutwurst. Übrigens in der Kombination »dumme Blunz'n« auch als Schimpfwort im Sinn von »dumme Kuh« gebräuchlich.

böhmakeln: mit tschechischem Akzent sprechen

Buchteln: Dampfnudeln aus Hefeteig

Dillfisolen: Fisolen (grüne Bohnen) in einer cremigen Butter-Mehl-Sauerrahm-Sauce mit Dill

Einbrenn: eine Mehl-Butter-Schwitze, die zum Binden von Saucen oder Suppen verwendet wird

Erdäpfel: Kartoffeln

Faschiertes: Hackfleisch

Germ: Backhefe

glattes Mehl: Glattes Mehl ist ein handelsübliches Mehl der Type 480, das sich weich und samtig anfühlt. Demgegenüber besitzt griffiges Mehl eine etwas gröbere Körnung. Wenn man es angreift, spürt man die einzelnen Mehlpartikel zwischen den Fingern.

griffiges Mehl: s. glattes Mehl

KL: KL steht in vielen österreichischen Rezepten für die Maßeinheit Kaffeelöffel. Entspricht dem ansonsten üblichen TL für Teelöffel.

Knacker oder **Knackwurst**: eine gekochte Wurst aus feinem Brät, ähnlich den Frankfurter Würstchen, nur kürzer und sehr viel dicker

Kren: Meerrettich

Laberln: kleine Laibchen

Marillen: Aprikosen

Obers: flüssige süße Sahne, auch: Kaffeeobers

Panier: Panade

Paradeiser: Tomaten

Parasol: Riesenschirmpilz (*Macrolepiota procera*), eine Pilzart aus der Gattung der Riesenschirmlinge. Sehr guter Speisepilz.

Petersilienwurzel: Wurzel einer Petersilienpflanze. In Österreich klassischer Bestandteil eines Wurzelgemüse-Bunds (s. Wurzelgemüse)

Powidl: Pflaumenmus

Ringlotte: eine kleine, runde Pflaumenart, von frz. Reineclaude

Rostbraten: ein leicht fasriges, saftiges Stück vom Rind, zum Teil mit Fett durchzogen. Es eignet sich gut für gedünsteten Rindsbraten. Wird es mit den Rippenknochen geschnitten, werden daraus Rindskoteletts.

Sauerrahm: saure Sahne

Schlagobers: süße Sahne

Semmelbrösel: Paniermehl aus geriebenen trockenen Brötchen

Servas Oida!: Grußform, durchaus nicht despektierlich gemeint, wörtlich »Servus, Alter!«

speckige Erdäpfel: fest kochende Kartoffeln; im Gegensatz zu mehligen Erdäpfeln, also weich kochenden Kartoffeln

Staubzucker: Puderzucker

Tafelspitz: ein saftiges, feinfasriges, knochenfreies Stück Siedefleisch vom Rind

Topfen: Quark

versprudeln: verquirlen

Wadschinken: ausgelöste Hesse

Wurzelgemüse oder **Wurzelwerk**: Ein Bund Wurzelgemüse besteht üblicherweise aus ein, zwei Karotten, einer gelben Rübe, einem Stück Knollensellerie, einem Stück Lauch, einer Petersilienwurzel und etwas Petersilie.

Zwetschken: Pflaumen

Zwetschkenröster: eine Art Kompott aus gedünsteten Pflaumen

Literatur und Quellenvermerke

Lisa Fischer. *Die Riviera an der Donau. 100 Jahre Strombad Kritzendorf.* Böhlau, Wien 2003

Ingrid Ganster. *Tröpferlbad – Schwimmbad – Wellnessoase. Badebetrieb in Wien im Wandel der Zeit.* Wiener Geschichtsblätter Beiheft 2. Wien 2007

Franz Grillparzer. Finanzbeamter und Archivdirektor. Festschrift zum 200. Geburtstag. Herausgegeben vom Bundeskanzleramt der Republik Österreich. Steiger Verlag, Berwang & Landsberg 1991

Fritz von Herzmanovsky-Orlando. *Gaulschreck, Hofzwerg, Exzellenzen. Ausgewählte Werke.* Darin: *Der Gaulschreck im Rosennetz,* S. 13–153. Langen Müller, München 2001.

Michael Hochedlinger, Thomas Just: »*Diese Diebstähle sind einzig in der Geschichte aller Archive der Welt*«. *Die Affäre Grill 1951–1953. Ein Beitrag zur Personengeschichte des Haus-, Hof- und Staatsarchivs zwischen 1. und 2. Republik.* In: Mitteilungen des Österreichischen Instituts für Geschichtsforschung. Band 113, S. 362–388, Wien 2005

Manfred Matzka. *Vieler Herren Häuser. 20 Wiener Palais.* Christian Brandstätter Verlag, Wien 2005

Johann Nestroy. *Stich- und Schlagworte.* Hg. Reinhard Urbach. Deuticke, Wien, München 2000.

Das Pratermuseum. 62 Stichwörter zur Geschichte des Praters. Eigenverlag der Museen der Stadt Wien, Wien 1993

Karl Pufler. *Wo der Ziegelböhm tanzte … Böhmischer Prater: Veranstaltungsort seit über 100 Jahren.* Kulturverband Böhmischer Prater-Tivoli Wien, Wien 1999

Wolfgang Slapansky: *Das kleine Vergnügen an der Peripherie. Der Böhmische Prater in Wien.* Picus, Wien 1992

Wendelin Schmidt-Dengler: *Bruchlinien. Vorlesungen zur österreichischen Literatur 1945 bis 1990.* Residenz Verlag, Salzburg 1995

Duncan J. D. Smith: *Nur in Wien.* Christian Brandstätter Verlag, Wien 2005

S. B. Sutton: *In China's Border Provinces. The Turbulent Career of Joseph Rock, Botanist-Explorer.* Hastings House, New York 1974

Friedrich Torberg: *Die Tante Jolesch oder Der Untergang des Abendlandes in Anekdoten.* Gesammelte Werke in Einzelausgaben Band VIII. Langen Müller, München 1975

Richard A. Zahnhausen. *Was aß Baron von Trotta wirklich am Sonntag? Anmerkungen zum Tafelspitz und zur longue durée des gekochten Rindfleisches in der Wiener Küche.* In: Wiener Geschichtsblätter, Heft 2, Wien 2003.

Bildquellen

Die Abbildungen im Innenteil wurden mit freundlicher Genehmigung von IMAGNO abgedruckt. Im Einzelnen:

S. 13: Postkarte (Ausschnitt) der Wiener Werkstätte, unbek. Künstler

S. 24: Papierbogen mit dem Rosensignet der Wiener Werkstätte (Ausschnitt), J. Hoffmann oder K. Moser

S. 46: Neujahrspostkarte (Ausschnitt) der Wiener Werkstätte, W. Jonasch

S. 60: Programmblatt des Kabaretts Fledermaus (Ausschnitt), Wiener Werkstätte, C. O. Czeschka

S. 100: Plakat (Ausschnitt) der Wiener Werkstätte, J. Hoffmann

Alle © IMAGNO/Austrian Archives

S. 74: Stoffmuster (Ausschnitt) der Wiener Werkstätte, E. J. Wimmer-Wisgrill © IMAGNO/Gerhard Trumler

Die Autorin

Julia Kospach studierte Linguistik und Slawistik in Wien und Paris, arbeitete bis 2004 als Literaturredakteurin des österreichischen Nachrichtenmagazins *profil*, anschließend als Mitarbeiterin André Hellers für dessen internationale Kunst- und Kulturprojekte. Seit 2006 freie Autorin und Journalistin, schreibt sie für in- und ausländische Medien (Frankfurter Rundschau, Berliner Zeitung, Der Bund, Der Standard, Universum Magazin, Literatur & Kritik u. a.) über Literatur, Kulturgeschichte, Reisen, Natur und Garten. Zuletzt erschienen »Letzte Dinge. Ilse Aichinger und Friederike Mayröcker. Zwei Gespräche über den Tod« (2008), »Der grüne Daumen« (2007), »Das Gartenspiel« (2004) und »Augenweide« (2003, mit André Heller).

Rezepte

Orts- und Namenregister

Inhalt

Noch mehr »Oasen für die Sinne«:

Hanns-Josef Ortheil

Venedig

Eine Verführung. Oasen für die Sinne
144 Seiten, mit zahlreichen Abbildungen
Geprägter Einband im offenen Schuber
Mit zahlreichen Rezepten
ISBN 978-3-8363-0101-5

Hanns-Josef Ortheil, der Venedig bereits mit *Im Licht der Lagune* ein literarisches Denkmal gesetzt hat, erzählt hier von der sinnlichen Seite dieses beliebten Reiseziels: vom Erwachen einer Stadt auf lärmenden Fischmärkten oder in friedlichen Frühmessen, von Fahrradfahrten entlang der silbrig im Sonnenlicht liegenden Lidi bis zu den »Enden der Welt« und von der Schönheit des venezianischen Dialekts. Man versteht nur zu gut, weshalb Ortheil sich seit vielen Jahren von diesem beinahe unwirklichen, verwunschenen Ort jedesmal aufs Neue verführen lässt.

»Hanns-Josef Ortheil beschreibt seine Erfahrungen so sinnlich und greifbar, dass man eigentlich sofort aufbrechen möchte.« Werner Theurich, Spiegel online

Hanns-Josef Ortheil

Rom

Eine Ekstase. Oasen für die Sinne
160 Seiten, mit zahlreichen Abbildungen
Geprägter Einband im offenen Schuber
Mit zahlreichen Rezepten
ISBN 978-3-8363-0165-7

Rom ist schon immer ein Besuchermagnet gewesen. Auch der Schriftsteller Hanns-Josef Ortheil reist seit Jahrzehnten dorthin. In diesem literarischen Reiseführer unternimmt er Spaziergänge durch das historische Zentrum, erkundet Enotheken, Bars und Osterien und begleitet Aeneas, Goethe, Stendhal und Thomas Mann auf ihren Wegen durch die Ewige Stadt. Weite Gärten und kleine Kreuzgänge, Palazzi und geheime Aussichtsterrassen – Ortheil kennt die römische Kultur und die Geschichte der Römer so gut, dass selbst Rom-Enthusiasten manches entdecken werden. Als wahrer Genießer widmet er sich auch der römischen Küche und stellt teilweise noch aus der Römerzeit tradierte Rezepte vor.

»Wer da nicht (…) ins Schwärmen kommt, ist nur ein trüber Gast auf der dunklen Erde.«

Tilman Krause, Literarische Welt